U0614756

20世纪中国教育家画传

主编：储朝晖

LIANG SHUMING HUAZHUAN

梁漱溟画传

吴洪成 兰丽燕 著

四川教育出版社

图书在版编目（CIP）数据

梁漱溟画传 / 吴洪成，兰丽燕著. —成都：四川教育出版社，2016.4

（20世纪中国教育家画传 / 储朝晖主编）

ISBN 978-7-5408-6646-4

Ⅰ.①梁… Ⅱ.①吴… ②兰… Ⅲ.①梁漱溟（1893～1988）—传记—画册 Ⅳ.① K825.4-64

中国版本图书馆CIP数据核字（2016）第067083号

责任编辑	央　金	
封面设计	何一兵	
版式设计	武　韵	
责任校对	史敏燕	
责任印制	田东洋	
出版发行	四川教育出版社	
	地　　址	四川省成都市锦江区三色路266号
	邮政编码	610023
	网　　址	www.chuanjiaoshe.com
印　　刷	北京市兆成印刷有限责任公司	
制　　作	四川胜翔数码印务设计有限公司	
版　　次	2016年6月第1版	
印　　次	2022年4月第3次印刷	
成品规格	170mm×230mm	
印　　张	17.5	
书　　号	ISBN 978-7-5408-6646-4	
定　　价	52.00元	

《20世纪中国教育家画传（续编）》
编写说明

　　《20世纪中国教育家画传》十卷本获得2012年度国家出版基金资助，由四川教育出版社出版后，社会反响很好。同时也存在缺憾：原来考虑到取整数，选了十位教育家，而依据史实，当时属于同一层面的教育家客观上并不止十位。在十卷本的编写过程中，通过各卷作者们的相互讨论，我们意识到确实还有几位教育家应该列入20世纪中国教育家的范畴。为了弥补这一缺憾，我作为丛书主编，又征集大陆和台湾、香港等地教育史专业工作者意见，经过慎重考虑，选定叶企孙、陈寅恪、梁漱溟、蒋梦麟四人为续编传主，并得到四川教育出版社支持。

　　《20世纪中国教育家画传（续编）》仍然坚持主题与作者"双优选"的原则：《蒋梦麟画传》作者仲玉英教授长期从事教育史专业研究，又得身在蒋梦麟家乡的资料和文化理解便利；《陈寅恪画传》作者徐卫红在中国教育科学研究院从事教育史研究十余年，任《教育史研究》常务副主编；《梁漱溟画传》作者吴洪成在教育史研究领域长期耕耘，对梁漱溟研究经年；《叶企孙画传》则由我来撰写。

　　续编的创新点在于：

（1）对习近平主席就中华优秀传统文化的传承与弘扬多次作出的重要指示进行了深入学习领会，尽可能服务于中共十八届三中全会《决定》关于深化教育领域综合改革的需要，服务于"完善中华优秀传统文化教育"的需要，贯彻十八大以来的中央文化教育方针政策。

（2）续编所选叶企孙、陈寅恪、梁漱溟、蒋梦麟四位传主，由于各种原因，此前教育工作者对他们的教育贡献知之甚少，但他们确实对中国近百年的教育发展发挥了举足轻重的作用，在专业精神、教育业绩等方面与前十位传主难分高低，续编的编写，将使这一教育家群体更为完整。从对历史人物的评价角度来看，完成续编更能体现客观、公正、无偏见。从对现实教育的影响而言，像叶企孙的列入，填补了中国百年来大学理科教育历史表述的空白，弥补了教育史专业对理科教学研究不深入的短板；陈寅恪在中国传统文化研究以及中西文化融合上的典范作用，已是学界共识；梁漱溟在乡村建设和办学，以及教育哲学领域的成就铸就其教育家地位；蒋梦麟在北大的管理和中西融合上贡献杰出。

我们寄希望于续编的出版，能够比较完整地向读者介绍四位传主的教育思想、办学理念、办学实践，能够向读者彰显他们的教育家精神。但限于多种条件，书中难免存在不尽如人意甚至错讹之处，敬希读者谅解并给我们提出批评改进意见，以便再版时修订完善。

储朝晖

2015年12月

总　序

张明远

　　2007年3月5日，温家宝总理在第十届全国人大第五次会议的《政府工作报告》中郑重宣布：要提倡教育家办学。这个问题的提出显示出中国急需教育家却又缺少教育家。《国家中长期教育改革和发展规划纲要（2010～2020年）》更明确提出："造就一批教育家，倡导教育家办学。"

　　然而，现今即使是专门从事教育工作的人，对怎样才是真正的教育家却也没有清晰的认识。为解决这一问题，中央教育科学研究所研究员储朝晖与时任四川教育出版社社长安庆国在编写一套《20世纪中国教育家画传》丛书的想法上不谋而合，这对传承、传播中国20世纪教育家的办学理念，弘扬其教育精神和优秀思想，促进教育家办学的早日全面实现十分有益，也十分必要。

　　这套丛书所选择的十位传主是经过教育史专业的学者海选而产生的，他们是王国维、蔡元培、陶行知、张伯苓、胡适、梅贻琦、黄炎培、徐特立、陈鹤琴、晏阳初，我认为他们确实代表了20世纪对中国教育有巨大影响的教育家群体。

这套丛书突出传主的教育思想、办学理念、办学实践，尤其凸显传主的教育家精神；注重以史料为依据，对传主的教育贡献作客观评价，实事求是，还原历史，避免主观，不做有意拔高；全书插入大量珍贵历史图片，以图文并茂的方式呈现历史画卷，使得丛书具有了较高的学术价值、收藏价值以及观赏性和可读性。同时，丛书主编精心挑选各位传主研究方面的专家担任各分册作者，较好地保证了整套丛书的编写深度和质量。其中黄延复研究梅贻琦、宋恩荣研究晏阳初、梁吉生研究张伯苓、戴永增研究徐特立、金林祥研究黄炎培、储朝晖研究陶行知都有二十多年了。我与储朝晖第一次见面是在1988年，他拿着一封方明的信来找我，正是为了查阅北京师范大学图书馆特藏部的陶行知研究资料。北京大学图书馆研究馆员邹新明研究胡适、西南大学教授谢长法研究黄炎培、陈鹤琴外孙柯小卫研究陈鹤琴、青年传记文学作家窦忠如研究王国维，他们也都是长期从事相关研究的专家学者，堪称黄金组合。这套书将有助于读者更好地领会各位教育家的精神真谛。

希望这样一套难得的好书，能激励有志教育的人成为教育家，切实有效地推动中国的教育家办学进程。

乡村建设的真意义

（1937年3月）

梁漱溟

今日中国问题在其千年相沿袭之社会组织构造既已崩溃，而新者未立；或说是文化失调，"人非社会则不能生活，而社会生活则非有一定秩序不能进行；任何一时一地之社会必有其所为组织构造者，形著于外而成其一种法制、礼俗，是即其社会秩序也。"一社会之文化要以其社会之组织构造为骨干，而法制、礼俗实居文化之最重要部分。中国文化一大怪迷，即在其社会构造（概括政治构造、经济构造等）历千余年而鲜有所变，社会虽有时失掉秩序而不久仍旧规复，根本上没有变革，其文化像是盘旋而不能进。但到今天，则此相沿不变的社会构造，却已根本崩溃，夙昔之法制、礼俗悉被否认，固有文化失败摇坠不堪收拾，实民族历史上未曾遭遇过的命运。而同时呢，任何一种新秩序亦未得建立。试问社会生活又怎得顺利进行？所以"处此局中者或牵掣牴牾，有力而莫能施；或纷纭扰攘，力皆唐捐；或矛盾冲突，用力愈勤而为害愈大。总之，各方面或各人其力不相顺益而相妨碍，所成不抵所毁，其进不逮其退。"（录《乡建理论提纲》旧文。）这就是为什么中国社会不向上而向下，不进步而沉沦的缘故了。在此时，纵有强敌外患亦不见他有力地反应；良以组织构造崩溃解体，失去一个民族社会所应有的机能，陷于社会的麻痹瘫痪症。——从四万万人一个个来看未尝不是活人，无奈社会几乎是半死的社会。

归结我们的话：外界问题（帝国主义）虽是有的，但中国内部问题大过外界问题；个人的不健全亦是有的（贫、愚、弱、私），但社会的不健全大过个人的不健全。

那末，要问中国社会为什么竟至崩溃解体呢？我们可以回答：这是近百年世界大交通，西洋人过来，这老文化的中国社会为新环境所包围压迫，且不断地予以新刺激，所发生的变化而落到的地步。于此，不要忘记的是中国文化自古相传，社会构造历久不变的那件事。他不变则已，变起来格外剧烈、深刻、严重！其所以久而鲜变，我们可以推想到两点：

梁漱溟画传

　　一、是中国社会构造本身（内部关系上）非常富于妥当性、调和性。因其本身妥当调和，所以不易起变动；因其不变动，乃更走向妥当调和里去。愈不变，愈调和；愈调和，愈不变；此相传已久的老文化，盖有其极高度的妥当调和性。

　　二、是中国文化在人类所能有的文化里，其造诣殆已甚高。所以他能影响于外，传播于远；而他则从不因外面影响而起何变化。甚至为外族武力所征服，却仍须本着他的文化来行统治，其结果每使外族同化于他。如是，他文化势力圈的扩大与其文化寿命的绵长，成了相关系的正比例。卒之，成了又大又老、又老又大的一个文化体。（有人说中国不是一个国家，只是一个大的文化体，颇近是。）此其文化里面必有高越于人者在，亦从可知。

　　但到了近百年间，此本身具有高度调和性，不因外面文化刺激而起何等变化的老社会，忽而变化不已，形势严重非常。这全为近代西洋人过来所致。于此，我们又可推想到几点：

　　一、是近代西洋人的文化甚高，而且与中国甚是两样。不高，不致影响于他；即高而不是两样的，谅亦不能生影响。抑唯其彼此文化都很高，所以才说得到两样不同；从其两样不同，愈知其都很高。

　　二、是中国文化的失败，或其弱点的先暴露。盖两方文化相遇，中国遽起变化，顾尚未见西洋受我们影响而生何变化也。最后的总结账如何不可知，眼前固是如此。

三、在一新中国文化未得融铸创造成功时，中国社会将陷于文化失调——社会构造崩溃，社会关系欠调整，社会秩序的饥荒。

…………

整个社会构造问题是一根本问题，既深且远，仿佛非危迫眉睫的中国所能谈。本来一谈社会构造问题便涉理想；中国人如何有暇往理想上想呢？无奈问题已逼问到深处，欲避也不得。中国历史到今日要有一大转变，社会要有一大改造，正须以奔赴远大理想来解决眼前问题。抑今日实到了人类历史的一大转变期，社会改造没有哪一国能逃。外于世界问题而解决中国问题，外于根本问题而解决眼前问题，皆不可能。乡村建设运动如果不在重建中国新社会构造上有其意义，即等于毫无意义！

（原文见1937年5月山东邹平乡村书店出版的《乡村建设理论》。转引自中国文化书院学术委员会编：《梁漱溟全集》第二卷，山东人民出版社1989年版。 题目为编者所加。）

目录 Contents

一　早年生活　　　　　　　/ 001
　家世渊源　　　　　　　　/ 003
　父亲梁济　　　　　　　　/ 006
　家庭教育　　　　　　　　/ 010

二　学校教育　　　　　　　/ 017
　初等教育　　　　　　　　/ 019
　中等教育　　　　　　　　/ 025

三　思想历程　　　　　　　/ 039
　社会主义的情愫　　　　　/ 041
　佛学的痴心　　　　　　　/ 045
　再度出山　　　　　　　　/ 052
　佛儒之间的转换　　　　　/ 054

四　现代教育的尝试　　　　/ 069
　现代教育思想的萌发　　　/ 071

曲阜大学的设想与曹州中学
　改革　　　　　　　　　　/ 077
广东乡治讲习所的筹办　　　/ 088
广东省立第一中学的改造　　/ 096

五　考察国内乡村教育事业　/ 107
　晓庄学校　　　　　　　　/ 109
　江苏昆山徐公桥　　　　　/ 113
　河北定县翟城村　　　　　/ 117
　山西村政　　　　　　　　/ 121

六　河南村治教育实验　　　/ 125
　河南村治学院的创建　　　/ 127
　河南村治学院的组织管理　/ 135
　河南村治教育实验的实施　/ 139

目录 Contents

七　山东邹平乡村教育实验（上）　/ 149

文化改造理论与乡村教育实验　/ 152

邹平乡村教育实验　　　　　/ 159

山东乡村建设研究院　　　　/ 165

乡农学校　　　　　　　　　/ 173

邹平师范学校　　　　　　　/ 178

八　山东邹平乡村教育实验（下）/ 183

村学、乡学的组织建构　　　/ 185

村学、乡学的学校式教育实验 / 188

村学、乡学的社会式教育实验 / 198

历史的回响　　　　　　　　/ 211

九　重庆北碚的教育活动　　　/ 217

勉仁中学　　　　　　　　　/ 221

勉仁文学院　　　　　　　　/ 227

十　风雨过后是彩虹　　　　　/ 235

万象更新　特立独行　　　　/ 237

对新儒学的执着　　　　　　/ 252

教育文化事业的新探索　　　/ 258

后记　　　　　　　　　　　　/ 262

把教育办得更好（代跋）　　　/ 264

梁漱溟的父亲梁济先生。

梁漱溟的母亲张滢。

　　梁漱溟祖籍广西桂林，梁家属官宦世家、书香门第，也是当地的名门望族。梁漱溟生长于北京。北京梁家的境况到他父辈时已日渐衰落。父亲梁济除短暂几年在清室皇家档案馆任职外，主要从事基层慈善及教育工作，但非思想陈腐、保守僵化，而是有正义感、勇于担当的人物，其性格、风范深为梁漱溟所膺服仰慕。在幼年成长中，父亲的作用是深刻的，在其开明、积极向上的理念引导下，梁漱溟接受了较为全面、健康的早期奠基教育。

家世渊源

　　清光绪十九年九月九日（1893年10月18日），宁静的黎明，东方晨曦微明，鱼肚白色在清嫩霞光中显现。北京紫禁城附近一所普通宅院里，新生儿响亮清脆的啼哭声宣告了一个新生命的降世。梁漱溟，这位20世纪中国新儒学的代表，在学术、教育及社会政治多领域均产生突出影响的人物，来到了这个充满矛盾与抗争、正经历由封建君主专制制度向民主共和制度转型的晚清帝国。

　　梁漱溟，原名焕鼎，字寿铭，后改字漱溟（偶用"漱冥"）。

"漱溟"是1912年《民国报》总编辑、同盟会会员孙炳文为他扇面所题的字，自此一直冠名至当代，伴随他走完一生。

梁漱溟的祖籍是有着"山水甲天下"之称的桂林，其祖上世代读书，不少人中过举人或进士，基本上都有为官经历。从种族血统上说，梁家本是元朝宗室。中间经过明清两朝五百余年的发展演变，不仅别人不晓得他们是蒙古人的后裔，即使梁家的人不由谱系上查明也大都不太知道了。几百年来与汉人通婚后的梁家，融合着蒙汉两个不同民族的血缘，从而使其性格好像也具有一种中间性。

据梁家旧谱的记载，梁氏祖先可考者也先帖木儿是元世祖忽必烈第五子和克齐之子，至元十七年（1280）袭封云南王。元朝灭亡后，蒙元宗室重臣大都随顺帝逃回漠北，也先帖木儿一支却迁居到河南汝阳（今河南新乡）。明朝初年，留居中原的元宗室后裔纷纷更名改姓，一从汉人。也先帖木儿一系五世祖成公因汝阳在战国时代属魏国都城大梁的区域，故取"孟子见梁惠王"一语改姓梁。之后，梁家认真学习和适应汉族的文化习惯，并开始和汉人通婚，六世祖梁铭以战功被册封为保定伯，《明史》中有传。七世祖梁珱以平叛贵州苗族起义而进爵为保定侯。"到了清朝乾隆年间，梁氏第十八代兆鹏为广东永安县令，兆鹏三子梁垕始自江宁迁居广西桂林。因清代科举考试中举人、进士的录取名额根

忽必烈。根据梁家旧谱的记载，梁家本为元朝宗室，最早可查的祖先是元朝皇室也先帖木儿。也先帖木儿为元世祖忽必烈第五子和克齐之子。

据各省人口的多少按比例分配,于是梁家始有广西桂林人之说,此即旧时名宦之家的'桂籍',与现在的'高考移民'功能相似而作用相反。此后其子宝书、其孙承光、其曾孙梁济等皆以桂林籍得中顺天乡试,换言之,他们虽然是凭自己的本事金榜题名,不过他们占用的指标都是广西桂林的,所以至梁漱溟一辈虽从未在桂林生活过,且科举考试已成历史陈迹,仍依然沿用桂林籍贯,时而以广西桂林人的身份参与各种政治、学术活动,此乃习惯使然。"[1]道光庚子年(1840),梁垕之子,梁漱溟的曾祖父梁宝书考中进士,并留在直隶定兴、正定、清苑一带州县任职,他为官清廉,颇有政绩,后升任遵化直隶州知州。这一方面为家族带来极大的荣誉和振兴的希望,另一方面也因其需要常住直隶,梁家不得不再次举家搬迁,来到北京并一直定居下来。

梁漱溟祖父雅香公(讳承光)18岁在京应乡试中举后,到永平州(今山西离石县)为官。他"磊落豪放,交游甚广,喜谈兵,好骑马",是当时有名的学者、诗人、骑射专家,曾任内阁中书。1864年,为了防范捻军的进犯、加强防务,梁承光专折奏补为永宁知州,后卒于官。祖母陈氏,桂林人,亲戚故旧大抵桂林人,或其他南省人。

梁家的境况随着清朝社会矛盾与危机的与日俱增,家道中落如日薄西山。尽管他的曾祖父和祖父都曾为官,但是家中一直也没能富裕起来。相反,曾祖父在外任期间还欠下了大笔债务,而祖父就只有背着债务生活,最终的结果竟是"债未清而身故"。至梁漱溟父亲梁济时,已是梁氏第二十三代,梁家已经进入晚秋。祖辈昔日所拥有的财富和权力,对此时的梁家来说已成过往云烟。

梁漱溟的降生为这个窘迫的家庭带来新的希望。梁漱溟兄妹四人,有一长兄,两个妹妹。长兄名焕鼐,字凯铭;大妹名焕诰,字新铭;二妹名焕绅,字

---

[1] 马勇:《思想奇人梁漱溟》,北京大学出版社2008年版,第4页。

谨铭。长兄清朝末年留学日本，为明治大学的商科毕业生，因精通日语，在日本侵略中国期间被汪伪政府任命为天津统税局局长，但不久便辞职并故去。两个妹妹毕业于京师女子初级师范学堂，大妹早寡，英年早逝；二妹在家礼佛数十年，病故家中。

梁漱溟的母亲张滢（1859~1912），字青漪，出生于云南大理的书香门第。为人温厚明达且思想进步，提倡女学、参与开创北京第一所女子学校——女学传习所，并担任教员等工作。她支持儿女读书进学，在家境窘迫的时候，兄妹四人的学费全是靠变卖她的妆奁支付。

父亲梁济

在梁漱溟的生命世界里，难以抹去的是其父亲梁济的形象地位以及人格力量。梁漱溟孩提时的勤学向上、青年期的刚毅坚韧以及晚年的博大宽厚与特立独行都深受慈父的熏陶习染。

关于父亲，梁漱溟是这样回忆的：

吾父是一秉性笃实的人，而不是一天资高明的人。他做学问没有过人的才思；他做事情更不以才略见长。他与母亲一样天生的忠厚；只他用心周匝细密，又磨炼于寒苦生活之中，好像比别人能干许多。他心里相当精明，但很少见之于行事。他最不可及处，是意趣超俗，不肯随俗流转，而有一腔热肠，一身侠骨。[1]

---

［1］梁漱溟：《我的自学小史》，中国文化书院学术委员会编：《梁漱溟全集》第二卷，山东人民出版社1989年版，第664页。

这段话清晰地展露出梁父的人格品行和处事特点。在梁漱溟眼中，父亲没有过人才思，虽心里相当精明但未能见诸生活营生，然而其在品格上却是一位让人敬佩的人。

梁济（1859～1918），字巨川，亦字孟匡，27岁中举，40岁入仕，居内阁中书，"光绪三十三年，京师巡警厅招理教养局，济与总局处罪人，而收贫民于分局，更立小学课幼儿，俾分科习艺，设专所售之，费省而事集"，[1]后由内阁侍读署民政部主事，升员外郎。梁济仕途坎坷，一直未能平步青云，在那小人横行的时代，虽有"先天下之忧而忧，后天下之乐而乐"的社会担当和救国理想，却苦于无处施展，其一生大部分时间都是在贫困和压抑中度过。梁济并非达官贵人，也称不上是一个伟大的学者，但他无疑是一位值得尊敬的人。

梁济（1858～1918），字巨川。早年丧父，19岁便在义学教书，生活寒苦。27岁中举，后捐纳为内阁中书，升内阁侍读。梁济心忧天下，思想开明，支持维新变法。

1895年，康有为、梁启超等维新派发动"公车上书"，后又组建强学会、保国会，开展维新变法运动。倾心维新救国的梁济曾先后四次拜访梁启超却均未获接纳，两次给梁启超写信也未收到回复。然而梁济并未放弃为维新事业、为国家尽一份力的夙愿，他在维新运动通过创办报刊以宣扬变法思想的风潮中，对彭翼仲惨淡而艰辛经营的三份鼓动维

与梁济同时期的康有为（1858～1927）。早在1898年，康有为、梁启超等就开始了为改良中国而进行的维新运动。梁济当时也是一腔救国救世的想法，但终没能实现。

[1] 赵尔巽：《清史稿》卷四百九十六——列传二百八十三——忠义十，中华书局1997年12月版。

新的报纸——《启蒙画报》《京话日报》《中华报》给予了雪中送炭似的襄助。这件事情还是在梁济自杀后，梁漱溟检阅他生前遗物时知晓的，当时的评价是"平生勇于为善赴义"。

　　1918年11月13日清晨，就在其60岁寿辰的前三天，梁济自沉于北京积水潭（亦称净业湖），遗书自言"殉清"，震动当时舆论。"即日举遗言暴之报纸，更分别影印排印成册，随讣致送。都人士闻其事者莫不哀感生敬。请太傅陈公宝琛以闻于皇室，赐谕矜悼，予谥贞端。"[1]新文化运动的旗手陈独秀与北京大学教授、社会学家陶孟和在当年第六卷第一号《新青年》杂志上各发表了一篇介绍、评议梁老先生自尽的文章。梁漱溟也在同一刊物刊发《答陈仲甫先生书》，详细介绍了父亲近二十年思想的变化及其内在伦理文化的冲突。又提出死因不存在个人窘迫、生计无望，而是以"天下为己任"，想以此来警醒世人。

　　梁漱溟就是在这样一位父亲的影响下开始了自己的人生之路。他评价父亲：

　　　梁济目睹清末民初时局混乱，社会失序，人心堕落，决心以死来唤醒世人。
　　1918年11月13日，在其60岁生日前三天，梁济从容写好遗书，投积水潭自尽。梁济
　　殉道引起思想界热议，亲朋至交为之立碑纪念。左二为梁漱溟，右七为梁济至交彭翼
　　仲。该碑在"文化大革命"中被毁。

---

[1] 梁漱溟：《桂林梁先生遗书·年谱》，中国文化书院学术委员会编：《梁漱溟全集》第一卷，山东人民出版社2005年版，第590页。

梁漱溟故居（1951～1968），北京新街口北小铜井1号院。

民国三年（1914），
梁漱溟一家由樱子胡同16号
迁居积水潭（又名净业湖）
小铜井1号新置书斋。

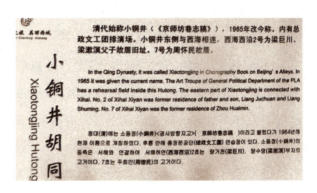

清代始称小铜井（《京师坊巷志稿》），1965年改今称。内有总政文工团排演场。小铜井东侧与西海相连。西海西沿2号为梁巨川、梁漱溟父子故居旧址。7号为周怀民故居。

In the Qing Dynasty, it was called Xiaotongjing in Chorography Book on Beijing's Alleys. In 1965 it was given the current name. The Art Troupe of General Political Department of the PLA has a rehearsal field inside this Hutong. The eastern part of Xiaotongjing is connected with Xihai. No. 2 of Xihai Xiyan was former residence of father and son, Liang Juchuan and Liang Shuming. No. 7 of Xihai Xiyan was the former residence of Zhou Huaimin.

청대(淸)에는 소동정(小銅井)<경사방항지고>（京师坊巷志稿 ）이라고 불렀다가 1964년에 현재 이름으로 개칭하였으며, 후흥 안에 총정문공단(總政文工團) 연습장이 있다. 소동정(小铜井)의 동측은 서해와 연결하여 서해허연(西海西沿)2호는 량거천(梁巨川), 량수영(梁漱溟)부자의 고거이며, 7호는 주회인(周懷民)의 고거이다.

小铜井胡同　Xiaotongjing Hutong

　　因其非天资高明底人，所以思想不超脱。因其秉性笃实而用心精细，所以遇事认真。因为有豪侠气，所以行为只是端正，而并不拘谨。他最看重事功，而不免忽视学问。前人所说"不耻恶衣恶食，而耻匹夫匹妇不被其泽"的话，正好点出我父一副心肝。——我最初的思想和作人，受父亲影响，亦就是这么一路（尚侠、认真、不超脱）。[1]

梁漱溟的成长道路是一条先立人后成学的道路。做人一面追随父亲的"尚侠、认真"；成学一面以新儒家捍卫者自居，倡导并开展乡村建设运动，且奔走于国家和平、民主事业的活动。这些也都渊源自父亲的处世、行谊及价值观。

家庭教育

梁济对孩子的教育与梁济的出身、经历及时代人文环境有些不同，他几乎破除了"慈母严父"的形象，也突破了"严家无悍虏"、父训难违的权威教条，为梁漱溟的成长营造了一个开放、自由、平等的家庭教育环境，且处处体现其言传身教、榜样表率的熏陶作用。

1898年，5岁的梁漱溟发蒙读书。在子女启蒙读物的选择方面，长时间科考落第的失意使梁济对旧式教育抱有很深的成见，他鄙视那些词章之士，甚至对颇受尊重的清流领袖张佩纶也没有好感，认为像俞樾那样的经学大师对社会毫无用处。相反，他受到明朝以后儒家重视"实学""通经致用"等务实思想的影响，认为"天下无久而不变之局"，如果没有新式教育事业去影响和教育民众，就不可能有民族的复兴。正因为上述想法，梁漱溟的启蒙教育没有走向经史八股，在修习了《三字经》《百家姓》之类的识字课本之后便开始读《地球韵言》。

---

[1] 梁漱溟：《我的自学小史》，中国文化书院学术委员会编：《梁漱溟全集》第二卷，山东人民出版社1989年版，第664页。

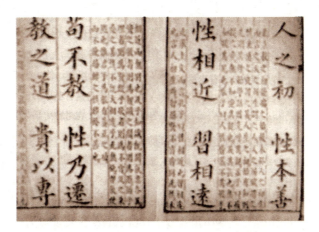

《三字经》是那个时代孩子们学习识字的启蒙课本，梁漱溟也是在"人之初，性本善"的熏陶下开始了他的启蒙学习。

在梁济的坚持下，梁漱溟兄妹四人无一例外的都接受了新式教育。1903年京师译学馆建立，梁济当即决定送长子焕鼐考入学习，并于1911年完成日本明治大学商科学业后回国。梁漱溟的两个妹妹新铭、谨铭接受的也是新式教育，均毕业于北京京师女子初级师范学堂。而在当时，接受新式教育的人并不多见。

梁济除了用新式知识对子女进行启蒙教育外，在家庭教育上也持相当开明的态度，颇有现代教育的某些思想因子。

梁漱溟自幼瘠瘦多病，体质弱而且呆笨执拗，父亲对他采取的是以养育思想为主的自由教育措施。

小时候，只记得大哥挨过打，这亦是很少的事。我则在整个记忆中，一次亦没有过。但我似乎并不是不"该打"的孩子。我是既呆笨，又执拗的。他亦很少正言厉色地教训过我们。我受父亲影响，并不是受了许多教训，而毋宁说是受一些暗示。我在父亲面前，完全不感到一种精神上的压迫。他从未以端凝严肃的神气对儿童或少年人。我很早入学堂，所以亦没有从父亲受读。[1]

这种毫无"精神上的压迫"氛围，正是体现了民主、和谐环境中的自由、轻松心念，舒畅条达的自然人性诉求，诚如明代心学派思想家王守仁所描述的："大抵童子之情，乐嬉游而惮拘检，如草木之始萌芽，舒畅之则条达，摧挠之则衰痿。今教童子，必使其趋向鼓舞，中心喜悦，则其进自不能已；譬之时雨春风，沾被卉木，莫不萌动发越，自然日长月化。若冰霜剥落，则生意萧索，日就枯槁矣。"[2]这里展示了一幅18世纪法国近代自然主义教育大师卢梭在其教育小说《爱弥儿》中揭示的自由教育理论图景，而梁漱溟的体验多少是与之相符的。

尽管未曾亲授书业，但梁漱溟的父子关系在爱护与鼓励的成功教育理念下亲密而和谐，情感沟通自然融洽，这种春风化雨般的引导及富有爱的教育"暗示"，发挥着皮格马里翁效应（Pygmalion effect）积极期待的教育力量。

梁漱溟非常清晰地记得儿时的一件小事：

还记得九岁时，有一次我自己积蓄的一小串钱（那时所用铜钱有小孔，例以麻线贯串之），忽然不见。各处寻问，并向人吵闹，终不可得。隔一天，父亲于庭前桃树枝上发现之，心知是我自家遗忘，并不责斥，亦不喊我来看。他却在纸条上写了一段文字，大略说：

一小儿在桃树下玩耍，偶将一小串钱挂于树枝而忘之。到处向人寻问，吵闹

---

[1] 梁培宽编：《梁漱溟自传》，江苏文艺出版社1998年版，第10页。
[2] 王守仁：《训蒙大意示教读刘伯颂等》，孟宪承选编：《中国古代教育文选》，人民教育出版社2003年版，第286页。

幼年的梁漱溟和父亲。

不休。次日，其父亲打扫庭院，见钱悬树上，乃指示之。小儿始自知其糊涂云云。

　　写后交与我看，亦不作声。我看了，马上省悟跑去一探即得，不禁自怀惭意。——即此事亦见先父给我教育之一斑。

　　到十四岁以后，我胸中渐渐自有思想见解，或发于言论，或见之行事。先父认为好的，便明示或暗示鼓励。他不同意的，让我晓得他不同意而止，却从不干涉。十七八九岁，有些关系颇大之事，他仍然不加干涉，而听我去。就在他不干涉之中，成就了我的自学。[1]

[1] 梁培宽编：《梁漱溟自传》，江苏文艺出版社1998年版，第11～12页。

梁漱溟在后来的回忆录中多次谈到父亲对自己教育的"不干预"，由此产生富有艺术或审美性的教育意义。正是这种主体教育理念及方式，才能促进儿童自主地学习，鼓励其独立性与探究精神，在动态中培养与发挥创造能力。梁漱溟将自己人生中的这种品性及成效归因于此，实非偶然。

　　我从小学起一直到现在，回想一下，似乎不论在什么地方，都是主动的；无论思想、学问、作事、行为，都象不是承受于人的，都是自己在那里瞎撞。几乎想不出一个积极的最大的能给我帮助的人来。我想到对我帮助最大的最有好处的，恐怕还是先父。[1]

　　梁漱溟称这种"不干涉"教育是"消极的"，不是"积极的"，并与礼教的标准规范及程序格式不相协调。

　　先父给我的帮助是消极的，不是积极。我在《思亲记》上曾说到这意思。我很奇怪，在几十年前那样礼教空气中，为父亲的对儿子能毫不干涉，除了先父之外，我没有看见旁人的父亲对他的儿子能这样的信任或放任。恐怕我对于我自己的儿子，也将做不到。[2]

　　其实这种教育恰能体现道家或自然主义教育尊重儿童生命，崇尚自由与个性，鼓励主体自觉努力的基本观点，主张"自然后果"教育法，旨

---

[1] 梁漱溟：《先父所给予我的帮助》，宋恩荣编：《梁漱溟教育文集》，江苏教育出版社1987年版，第196页。
[2] 梁漱溟：《先父所给予我的帮助》，宋恩荣编：《梁漱溟教育文集》，江苏教育出版社1987年版，第196页。

在反对约束压抑、教条刻板、僵化机械的人为过分教育,是一种对生命化教育的理性诉求。梁漱溟后来形成的教育本体论及道德教育论就充分揭示了这种基于学生主体性认识与涵养的生命化教育内容及方法。

此外,梁济还于生活细微之处对子女进行道德教育,从培养子女良好的行为习惯入手,在方式方法上力主与儿童经验及生活相结合,在活动或行动中形成道德习惯并加以巩固。梁漱溟回忆说:

十岁前后(七八岁至十二三岁)所受父亲的教育,大多是下列三项:一是讲戏,父亲平日喜看京戏,即以戏中故事情节讲给儿女听。一是携同出街,购买日用品,或办一些零碎事;其意盖在练习经理事物,懂得社会人情。一是关于卫生或其他的许多嘱咐;总要儿童知道如何照料自己身体。例如:

正当出汗之时,不要脱衣服;待汗稍止,气稍定再脱去。

不要坐在当风地方,如窗口、门口、过道等处。

太热或太冷的汤水不要喝,太燥太腻的食物不可多吃。

光线不足,不要看书。

诸如此类之嘱告或指点,极其多,并且随时随地不放松。[1]

在轻松宽容的家庭氛围中梁漱溟逐步养成了自学的习惯,小小年纪便自诩“天生德于予”,鄙视只谋求一人一家衣食的平庸生活。十多岁就“留心时事,向志事功”,每天埋首于《京话日报》《新民丛报》《德育鉴》《国风报》等一些传播近代新知识的基础读物,并且写日记不断勉励自己。他读《三名臣书牍》《三星使书牍》时,非常仰慕胡文忠和郭筠仙,常常称道他们。这种行为取向及人生体验一方面有助于培养自主创新能力,丰富认

---

[1] 梁培宽编:《梁漱溟自传》,江苏文艺出版社1998年版,第10~11页。

识闻见；另一方面也激发其以后从事乡村民众教育的热情与信念。同时，使他深信在教育与发展途径、方式上要突破传统师生授受、学业成绩以分数测评衡量的樊篱或框架。

这种家庭教育是成功的，梁漱溟10岁以后便有了自己的价值标准，播下了自学的种子，自负起"救国救民，建功立业"的责任。童年时代的烙印源于家庭教育，却贯穿于其一生的理念及行动之中。

二　学校教育

1911年冬，梁漱溟着兄长
留学日本的服装在顺天中学堂
毕业留影。

梁漱溟所受的正规教育从蒙学堂、新式小学，到清末改制的中等学堂，主体属近代西方教育的体制与模式，但囿于时代特点，也有旧学教育、尤其是传统课程教材的因素。不过，由于梁济的开明与前驱观念，梁漱溟的教育历程也并不同于当时一般官宦士大夫子弟乃至耕读传家者的普遍范式，而带有鲜明的个性，一如他而立之年以后的文化学术思想及所从事的乡村民众教育试验。

初等教育

清光绪二十四年（1898），梁漱溟刚满5岁，进入北京城一位孟姓塾师开办的家塾求学。按蒙学类型应称"坐馆"，招收几位学童，采用个别传授、背诵讲读的教学方法，传授如《三字经》《百家姓》《千字文》《千家诗》《龙文鞭影》等蒙学教材及礼仪道德。若程度较高，或有了相当根基之后，则研习《论语》《孝经》等经史书籍，以为科举考试作准备。梁漱溟作为一名初入学者，在履行了拜孔敬师的相关仪式后，便进入"正课"修习。但与一般学童接受的课程不同，在读了《三字经》等蒙书后，即读

《地球韵言》，而没有继续"四书五经"、科举取士的道路。

《地球韵言》为张之洞的门生张士瀛编著，是当年最为流行的一本世界大势教科书，以国别为经，编织各大国政治、经济概况。编写体例沿袭南北朝周兴嗣所纂《千字文》风格，四字一句，押韵成文，朗朗上口，易诵易记，符合儿童喜歌谣、记性好的年龄特点及学习倾向。这种融西学内容、世界大势于传统体例之中的方式，确为新旧教材转型更替时的一种妙招良法。梁漱溟回忆说：

> 说起来好似一件奇事，就是我对于四书五经至今没有诵读过，只看过而已。这在同我一般年纪的人是很少的。不读四书，而读《地球韵言》，当然是出于我父亲的意思。他是距今四十五年前，不主张儿童读经的人。这在当时自是一破例的事。为何能如此呢？大约由父亲平素关心国家大局，而中国当时那些年间恰是外侮日逼。[1]

尽管那是维新运动处在高潮的时期，大清帝国的改革正在准备废除科举，取消八股文，但在一个书香人家，让自己的孩子以一本介绍世界概况的地理书作为启蒙读物似乎也不是件很容易的事情。很显然，这是梁济总结自己的一生之后，在很多年的现实思索中为儿子策划的一条进学之路。[2]

这样的启蒙教育首先给梁漱溟的是一个宽广的视野。他一生很多时候思考事情都不是局限于国内的情况，而是具有世界视野。如著名论著《东西文化及其哲学》，在考察中国传统文化时便将视野放在整个世界的思想状况中。另一方面，这样的启蒙教育使他的心灵了无羁绊、开放自由，不会囿于某一种学说成见，而是以自己独立的思考、朴素的原创性见解卓然于世。事实也确如此，梁

---

[1] 梁培宽编：《梁漱溟自传》，江苏文艺出版社1998年版，第13页。

[2] 佟自光编：《飞扬与落寞——梁漱溟的孤独思考》，东方出版社2006年版，第17～18页。

漱溟没有深厚的国学根基，也不具备良好的西学基础，但恰恰是他，在面对中国文化的消亡时独到地指出了中国文化的精华所在及其在整个世界思想界的地位和出路。

启蒙教育之后，梁济认为这仍然不算是令人满意的"现代"教育。中国近代新式小学堂起步于维新改良运动时期，区域集中于江苏、上海等沿海地区，如无锡三等公学堂、上海三等公学堂、上海澄衷蒙学堂等。1899年，北京出现了第一所国人自办的新式小学堂，系由新派人物福建寓京士人陈全荣所办，名曰"中西小学堂"。[1]当北京中西小学堂开办时，梁漱溟便奉父命进入了这所小学的初级班。梁漱溟在校读中文，也念英文。英文所用的课本是《华英初阶》《华英进阶》，其他课程及教材不详。

梁漱溟在此初步接受了西学文化的熏陶。而这一阶段，"毛泽东在湖南乡间开始受教育，在塾师随身的戒尺和严厉目光的监视下哼着经书。在安徽上庄村，胡适也正在一家传统私塾中全神贯注地背诵着经书。而7岁的梁漱溟这个未来的旧传统的卫道士却正忙着探寻英文入门读本的奥秘，他念的是ABC，而不是《论语》。由于受的是全盘西式教育，梁漱溟直到成年也从未背诵和研习过儒家经典"。[2]

1900年，在民族危机不断加深的情况下，北部的山东、直隶（今河北）、天津、北京等地爆发了以农民为主体的反帝爱国运动——义和团运动。义和团的反帝斗争，引起了帝国主义的恐惧，6月10日，英、法、日、俄、德、美、意、奥八

---

[1] 根据梁漱溟的回忆，他在7岁时进入北京第一所"洋学堂"——中西小学堂（梁培宽编《梁漱溟自传》，第14页）。这一观点为一些著作所袭用，但中西小学堂是否是北京"第一所"，地方史文献则又有另样的说法。如刘仲华主编《北京教育史》第163页记载：王照和、徐世昌创立八旗奉直第一号小学堂，这是北京最早的民办新式小学堂。1898年，户部郎中王宗基等自筹款项在北城创设"公文学堂"，以讲求"中西实学"为宗旨。聘请翰林院侍讲黄绍箕，修撰张謇任中文教习。

[2] [美]艾恺著，王宗昱、冀建中译：《最后的儒家——梁漱溟与中国现代化的两难》，江苏人民出版社2003年版，第16页。

国，组成侵略联军，相继攻破了天津和北京，并实行了残酷的屠杀和掳掠政策。在这动荡不安、鸡犬不宁的乱世中，北京中西小学堂停办，梁漱溟被迫辍学。1901年，清政府实施变法"新政"，9月14日，下兴学诏："除京师已设大学堂应切实整顿外，着各省所有书院，于省城均改设大学堂，各府厅直隶州均改设中学堂，各州县均改设小学堂，并多设蒙养学堂。"[1] 随着《壬寅学制》（1902）、《癸卯学制》（1903）以及一系列教育规章制度的制定，清末十年几乎成为近代以来兴学潮流的第一次高峰，并且足可与20世纪20～30年代现代教育运动相辉映、论长短。

1901年，庚子事变后，新势力抬头，学堂复兴，8岁的梁漱溟旋入北京南横街公立小学堂学习。次年，转入蒙养学堂，该学堂为梁父儿女亲家彭冀仲（诒孙）所办，教学采用商务印书馆编印的教科书，并开设英文课程，学校男、女同学。梁漱溟在此校先后读了三年，初步接受了比较系统的西方科学文化知识。

蒙养学堂创办人彭诒孙号冀仲，苏州人。苏州彭氏为江南名门望族，原籍清江，明洪武年间移徙于长州（今苏州）。康熙十五年（1676），彭家子弟彭定求会试第一，夺得会元桂冠。殿试复第一，膺状元桂冠。长州彭氏从此闻名天下。彭定求的孙子彭启丰，雍正五年（1727）会试第一，殿试时复夺得状元桂冠。此后长时期供职南书房，承旨起草诏令，应制撰写文字。为雍正、乾隆两朝元老。彭启丰的孙子彭蕴章字咏莪，道光年间进士，历任工部尚书、文渊阁大学士、兵部尚书等。长州彭氏经过长达两百年的发展，已经成为一个很有名的政治世家，然而到了彭蕴章的孙子彭诒孙的时候，时代条件使然，使彭诒孙对官场不再有兴致，以豪门望族、世家子弟的身份背景转而立足于民间，创办报纸，开民智，倡民强，提倡维新与社会改良，成为晚清北京爱国志士维新先锋。彭诒孙创办的报章有《启蒙画报》《京话日报》和《中华报》三种，这三种刊物

---

[1] 陈学恂主编：《中国近代教育大事记》，上海教育出版社1981年版，第111页。

都与梁济和梁漱溟有着很深的渊源。[1] 后因《中华报》的政治报道，开罪清廷，报馆遭查封，主笔杭辛斋、彭诒孙一同课罪，罪名是"妄议朝政，捏造谣言，附和匪党，肆为论说"。结果，彭诒孙被判处流放新疆监禁十年。"城门失火，殃及池鱼"，蒙养学堂不得不关门停办。

1904年，11岁的梁漱溟又随奉天（今辽宁）名师刘纳先生学习新式小学教材读本，翌年下半年改入由江苏旅居北京同乡会所办的江苏小学堂继续学业。

梁漱溟的教育经历自幼即带有独立性的课外自学特色，这在相当程度上补救了校内教育的欠缺。无论是客观存在的或缘于主观自身的，都富有启蒙、发

1904年，11岁的梁漱溟因病辍学，亲友诸家恭请家庭教师刘纳先生教授新式小学教材读本。右二为梁漱溟。

[1] 马勇：《中国圣雄梁漱溟传》，河北人民出版社2010年版，第16～17页。

展乃至主体性的思想因素。他说："我的自学作始于小学时代。奇怪的是在那样新文化初开荒的时候，已有人为我准备了很好的课外读物。这是一种《启蒙画报》和一种《京话日报》。创办人是我的一位父执，而且是对于我关系深切的一位父执。"[1]

《启蒙画报》是给十岁上下的儿童阅看的，内容主要是科学知识、历史掌故、名人秩事等。一些科普常识，以及太平天国、左宗棠平定新疆和庚子赔款等历史事件都在画报上出现过。大多是以故事的形式表现出来，因此深受儿童的喜爱和欢迎。《京话日报》则基本上以北京市民为对象，内容方面主要是北京本地的新闻和国际国内发生的一些大事。同时，这份报纸也发表评论，指陈时弊，揭露社会阴暗面，宣传维新，以期开启民智，鼓励民众接受维新思想，参与中国未来的发展和建设。梁漱溟在小学堂读书时，从画报、报纸中受益不少，既增长了知识，也进一步开阔了视野。

19世纪末至20世纪初的中国，新式小学在县城以上的地域才见踪影，能入学的儿童可谓凤毛麟角，而能有机会入中等及其以上学堂的人数

彭诒孙（1864~1921），号冀仲，江苏苏州人，一生创办了三份报纸：《启蒙画报》《京话日报》和《中华报》。梁漱溟给予彭翼仲极高的评价，说他是"清末维新运动一个极有力人物"。

---

[1] 梁培宽编：《梁漱溟自传》，江苏文艺出版社1998年版，第15~17页。

《京话日报》封面。《京话日报》于1904年由彭翼仲创刊。主要宣传社会改良思想，提倡利用庙产兴学，大办学堂。少年时期的梁漱溟深受这些报刊内容的影响，积极自学，有了自己的想法。

相对于庞大数量的人口群而言更是寥若晨星。从梁漱溟的上述经历看，他所接受的教育在学制规范性上虽然不够严格，但大体上包括六年的完全小学教育。在当时"精英教育"理念下，这也是了不得的"文凭教育"。

中等教育

　　清光绪三十二年（1906），步入少年时代的梁漱溟考入北京早期的几所新式中学堂之一，著名的顺天中学堂，进入人生重要而又相对漫长的学习阶段——中学教育。

　　顺天中学堂位于地安门外兵将局，由顺天府尹陈璧所创，1912年后改辖于

顺天中学堂老校门。在顺天中学堂学习期间，梁漱溟不光在学识和性格方面有了很好的发展，还结交到兴致相投的朋友，这给了他一种无形的力量。

京师学务局，校名京师公立第四中学校。1928年，北伐成功，始改为北京市立第四中学。

中国近代制度化的中学教育始于清末"新教育"制度的建立与推行。1904年1月颁布实施的《癸卯学制》(《奏定学堂章程》)当中有《奏定中学堂章程》，内容分"立学总义章""学科程度章""计年入学章""屋场图书器具章""教员管理章"，大体与当代教育学的教育教学目标、学科课程设置、学生的教育权利与条件、教育环境与设备，以及教师工作等相关内容相匹配，蕴含着丰富的教育专业思想及管理精神，散发出教育现代性的气息，同时作为法制条例而具有规范调控执行的政策学意义。

中学堂教育目标为:

设普通中学堂,令高等小学毕业者入焉,以施较深之普通教育,俾毕业后不仕者从事于各项实业、进取者升入各高等专门学堂均有根柢为宗旨;以实业日多,国力增长,即不习专门者亦不至暗陋偏谬为成效。[1]

以此为灵魂统率整个阶段的教育方案。教学课程编制:

中学堂学科目凡分十二:一、修身,二、读经讲经,三、中国文学,四、外国语(东语、英语或德语、法语、俄语),五、历史,六、地理,七、算学,八、博物,九、物理及化学,十、法制及理财,十一、图画,十二、体操。但法制理财缺之亦可。[2]

章程对上述十二门课程的教学内容、目标要求分别作了具体描述,体现"中体西用"的教育方针。同时,西学课程知识体系及思想观念又十分突出,甚至有前驱先路的作用,顺序安排及重点难点的揭示,以及分年、分学期、分周的课程顺序、课时的编排等,都显示了现代教育学论中"教学大纲""教学计划""课程标准"与"课程表"的专业性。

顺天中学堂是一所官立中等教育机构,其建制、课程、教学及考核的依据均以上述章程的要求作为凭据或标准。学校开设的课程主要包括汉文、外文、数学和理化各科,教学及管理情况为:

---

[1] 朱有瓛主编:《中国近代学制史料》(第二辑·上册),华东师范大学出版社1987年版,第382页。
[2] 朱有瓛主编:《中国近代学制史料》(第二辑·上册),华东师范大学出版社1987年版,第383页。

教学概况 指导方面，用科学的方法，教授学生，启发学生思想，指定各种参考书，使学生自动阅览；学生方面，自习时不得无故不到，师生遇有疑难，则提出共同讨论。

训练概况 教师管理，有教室规则，学生有过失者，教员得随时纠正之。宿舍管理，有宿舍规则，每日由训育主任或训育员视察二次。学生训练，齐集大礼堂或在教室内，由教职员训话或讲演，由学生组织各种研究会，自由研究学术，由教员指导之。

体育概况 课内每日午前于第二时下课后，全校学生齐集操场，作十分钟课间操。初中学生于每周一三五三天下午，各有两小时的童子军训练。高中学生于每周一二四三天，有两小时的军事训练。课外每日下午课毕，有各种球类练习及田径赛器械练习，均有指导员负责指导。[1]

据梁漱溟回忆，当时中学堂学生年龄、文化程度及教育经历均不尽相同，差异较大，他的入学年龄反而是年少的了。

当时已初设学校，学科程度无一定标准。许多小学比今日中学程度还高，而那时的中学与大学似亦颇难分别。我的同班同学竟有年纪长我近一倍者；——我十四岁，他二十七岁。有好多同学虽与我们年纪小的同班受课，其实可以为我们老师而有余。他们诗赋、古文词、四六骈体文，都作得很好；进而讲求到"选学"（《昭明文选》）。不过因为求出路（贡生、举人、进士）非经过学堂不可，有的机会凑巧得入大学，有的不巧就入中学了。今日学术界知名人士，如张申府（崧年）、汤用彤（锡予）各位，皆是我的老同学。论年级，

---

[1] 韩朴、田红编：《北京近代中学教育史料》（上册），北京教育出版社1995年版，第424页。

他们尚稍后于我；论年龄，则我们三人皆相同。我在我那班级上是年龄最小的。[1]

　　这样的班级组织特点是由中学堂兴办之初学制衔接并不严密、前期预备阶段生源不足、教育设施欠完善造成的，而这又成了梁漱溟以后组织山东邹平乡村建设研究院、乡农学校及乡学村学办学灵活多样、不拘一格实践风格的渊薮及资源。

　　作为一所新式学校，顺天中学堂的办学在清末是开明及相对活跃的。中学阶段的梁漱溟，其智能也日见开发，学业成绩常居班内前茅，而且体能素质的提高亦已趋常态。

顺天中学堂成绩柜。进入顺天中学堂后的梁漱溟成绩优秀，学习之余他开始接触社会，并逐渐有了自己独到的思想见解。

[1]梁培宽编：《梁漱溟自传》，江苏文艺出版社1998年版，第23～24页。

在顺天中学堂求学期间，受父亲的启发，梁漱溟有了自己的一套价值标准：

> 大约十四岁以后，我即形成自己的人生思想，胸中自有一个价值标准，时时评判一切人和一切事。这就是凡事看他于人于社会有没有好处及好处之大小。假使于群于己都没有好处，就是一件要不得的事了。反之，若于群于己都有顶大好处，便是天下第一等之事。以此衡量一切并解释一切，似乎无往而不通。若一时对一事思之不通，千难万阻，也要辗转求得解答，以自圆其说。一旦豁然开朗，有所获得，便不禁手舞足蹈，顾盼自喜。此时西洋之"功利主义""最大多数幸福主义""实用主义""工具主义"等等我虽尚无所闻，但思想算是不期而遇，恰与西洋这些功利派思想相近。[1]

这种以"于人于社会"或"于群于己"有没有好处的价值判断作为行为效果或道德善恶评判标准的思路是一种典型的功利主义观念，即边沁式功利主义的衡量方法。[2]这种观念在20世纪30年代山东邹平乡农教育实验中也得到体现。由梁漱溟演说，郝心静笔记的《精神陶炼要旨》便阐释了其中的要义，成为乡农学校课程编制的重要依据之一。

环境是影响人成长发展的重要后天因素，作为教育的社会性力量倍受关

---

[1] 汪东林：《梁漱溟问答录》，湖南人民出版社1988年版，第16页。
[2] 边沁（Jeremy Bentham，1748～1832），英国伦理学家、法学家，资产阶级功利主义的主要代表。认为"个人的利益是唯一现实的利益"，"社会利益只是一种抽象，它不过是个人利益的总和"。主张所谓"最大多数的最大幸福"的"功利原则"。同时强调有利于资产者的就是有利于全社会的，而有利于资产者的就是道德的，功利就是道德的标准。提倡放任主义的政治经济学说。在哲学方面，认为一般的概念都是一种"虚构"，这一主张后来成为现代资产阶级哲学流派语义哲学的理论来源之一。主要著作有《道德及立法的原理》《惩罚与奖励的理论》《本务论或道德科学》等。（辞海编辑委员会编《辞海》缩印本，上海辞书出版社1989年版，第1034页）

注，而伙伴群体的交往作用恰是其中的有机组成部分。梁漱溟初入学便结交了几个年龄相仿的同学，对他的学习、生活及道德品性都带来深刻的影响。

在我那班上有四个人，彼此很要好。一廖福申（慰慈，福建），二王毓芬（梅庄，北京），三姚万里（伯鹏，广东），四就是我。我们四个都是年纪最小的；——廖与王稍长一两岁。在廖大哥领导之下，我们曾结合起来自学。[1]

廖福申为自己取字为"惰"，但他却是四个人中最勤快的，学习成绩也最优秀。梁漱溟对廖福申极为钦佩，常常自叹不如，在其带领下，梁漱溟的自学更见成效。

英文读本 Carpenter's Reader（亚洲之一本），先生教到全书的一半时，廖已读完全书，我亦能读到三分之二。纳氏英文文法，先生教第二册未完，我与廖研究第三册了。代数、几何、三角各书，经先生开一个头，廖即能自学下去，无待于先生教了。我赶不上他那样快，但经他携带，总亦走在先生教的前边。廖对于习题一个个都做；其所做算草非常清楚整齐悦目。我便不行了；本子上很多涂改，行款不齐，字迹潦草。比他显得忙乱，而进度反在他之后。廖自是一天才，非平常人之所及……然从当年那些经验上，使我相信没有不能自学的功课。[2]

梁漱溟在顺天中学堂还有两位挚友，即郭人麟（一作仁林，字晓峰，河北乐亭县人）和甄元熙（字亮甫，广东台山县人），梁漱溟自称这两位挚友的影响力度"比初入学时结合在一起自学的三位要好同学还大得多"。

1908年，16岁的梁漱溟与郭人麟交好，郭年长两岁，却低一年级，后来与李

[1] 梁培宽编：《梁漱溟自传》，江苏文艺出版社1998年版，第24～25页。
[2] 梁培宽编：《梁漱溟自传》，江苏文艺出版社1998年版，第24～25页。

大钊为友，也曾与毛泽东一起在北京大学图书馆工作过。那时的郭人麟，天资绝高、思想超脱，对老庄、《易经》、佛典都颇有心得，而且最为推崇谭嗣同的《仁学》。满腹才情的他让梁漱溟极度崇拜，甚至专门准备了一个小本子来记录与之谈话的内容，名之曰"郭师语录"。这种行为无可避免地遭到了同学们的讥笑，称他们为"梁贤人""郭圣人"，然而二人依然故我。与郭人麟的交往，让梁漱溟的思想发生了极大的变化。

　　我那时自负要救国救业，建立功业，论胸襟气概似极其不凡；实则在人生思想上是很浅陋的，对于人生许多较深问题，根本未曾理会到。恰遇郭君，天资绝

梁漱溟致京师图书馆手迹。

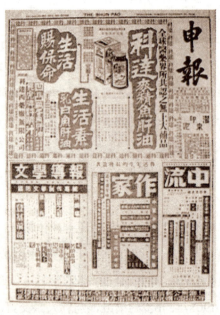

《申报》。阅读报纸是梁漱溟少年时期到青年时期自学的重要内容，关注时事新闻是他的一大兴趣，当时的《顺天时报》《新民丛报》《申报》等都是他喜欢读的。

高，思想超脱……其思想高于我，其精神亦足以笼罩我……自与郭君接近后，我一向狭隘的功利见解为之打破，对于哲学始知尊重；在我的思想上，实为一大转进。[1]

　　在郭人麟的鼓励和指导之下，梁漱溟开始尊重哲学，常到北京图书馆看佛书和王阳明的著作。次年，对于人生问题的看法也从利害分析的角度转入研索苦乐，归结到人生唯苦的认识上去。梁漱溟说："对于苦乐的研究，是使我探入中国儒学、印度佛家的钥匙，颇为重要。后来所作《究元决疑论》中，有论苦乐的一段尚可见一斑。而这一段话，却完全是十六七岁在中学时撰写的旧稿。"[2]其间由于倾向于印度的出世思想，断然拒绝了母亲的议婚。

　　中学时代的梁漱溟，除了思考人生问题外，还因中国问题的强烈刺激，使他对政治理论、革命与改良等知识界最关心的话题产生浓厚兴趣。那时，梁漱溟较一般同学更方便地获得梁启超在日本编辑的《新民丛报》《新小说》，以及立宪派稍后出版的《国风报》、革命派的《民报》，上海的《申报》《时报》等。这些刊物，特别是梁启超的文字，深深吸引了梁漱溟的注意力，对其思想的形成与转变产生了莫大影响。梁漱溟在阅读中获知许多近代思想和理念，相信梁启超等人为中国所开出的君主立宪处方，确实看到了中国问题的症结，是整治中国问题的灵丹妙药。梁漱溟真诚相信梁启超的伟大与特异处，佩服梁启超的思想敏锐与行动果敢。他认为，梁启超所讲的国会制度、责任内阁、选举制度、预算制度、国库制度、审计制度等都是挽救中国的良方，如果按照相应规划进行改革，必然能够像西方一样，建设成一个现代国家。然而，这种对梁启超

---

[1] 李渊庭、阎秉华编：《梁漱溟先生年谱》，广西师范大学出版社1991年版，第18～19页。
[2] 梁漱溟：《自述》，中国文化书院学术委员会编：《梁漱溟全集》第二卷，山东人民出版社2005年版，第7页。

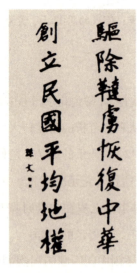

驱除鞑虏恢复中华
创立民国平均地权

梁 父 书

同盟会的口号。

线装本《国风报》。梁启超是《国风报》的主要编辑撰稿人，每期半数以上的文章均出自其手，论及国会、内阁、官制、财政、实业、外交等问题，对当时立宪的理论和运动都有一定指导意义。

的崇拜、信仰与追随并没有持续太久，他就转而走向其对立面，追随孙中山闹革命。梁漱溟的这个转变固然有政治上的背景与原因，有清政府官僚体制病入膏肓、整体性腐败日甚一日的现实危难，而另外一个最直接的原因，就是他遇到了能说会道的革命党人甄元熙。

甄元熙，年纪约长梁漱溟一二岁。1910年来到北京，插班到梁漱溟的班级。梁漱溟认为他来北京之前，就有中国同盟会的组织关系。甄元熙与梁漱溟一样关心时局变化，因此梁甄二人建立起深厚友谊，经常在一起秘密讨论是该革命还是该立宪的问题。后来，在毕业前夕，甄元熙介绍梁漱溟加入了京津同盟会组织（中国革命同盟会京津保支部之简称，正式成立于1911年冬，此前为小组织、小团体，后逐步联络成统一组织，汪兆铭（精卫）为支部长）。梁漱溟加入京津同盟会之后的第一个举动就是"断发易服"，以表达与清政府决裂的决心，此外还参与了一些掩护和传送信件的活动。

1911年冬天，梁漱溟于顺天中学堂毕业。毕业后的梁漱溟不愿继续上大学深造，时值辛亥革命爆发，遂与甄元熙为首的友人赴天津办报，名为《民国报》，报馆后迁至北京。

1912年1月，中华民国临时政府在南京成立，产生了资产阶级革命政权。由于资产阶级的软弱性、妥协性，在帝国主义、封建势力的压力下，革命党人被迫让步，同意以清帝退位和袁世凯宣布"赞成共和"为条件，举袁为中华民国临时大总统。2月15日，南京临时参议院选袁世凯为临时大总统，3月10日，袁在北京就职，随后临时政

加入京津同盟会，梁漱溟做的第一件事就是断发易服。

孙炳文（1885～1927），四川南溪人，同盟会会员，1922年在德国柏林由周恩来介绍与朱德一起加入中国共产党，1927年因叛徒告密而被害。图中右为孙炳文，左为朱德。

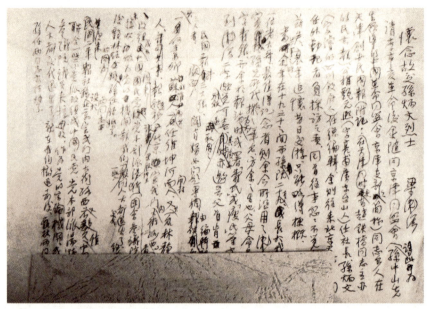

梁漱溟晚年所写《怀念故交孙炳文烈士》一文手稿。

府北迁，革命果实被地主买办阶级的政治代表袁世凯所窃夺。半殖民地半封建的社会基础没有受到触动，中国仍然处于帝国主义和封建主义的双重压迫之下，资产阶级共和国徒有其名，辛亥革命以失败告终。

　　作为一名报社记者，梁漱溟持有长期的旁听证，经常以"无冕之王"的身份，出入总统府、国务院、同盟会本部和改组后的国民党本部、共和建设讨论会（民主党的前身）、各学校团体等地方，对波谲云诡的政情了然于心，有机会感受和参与了中国那一两年的种种政治事件，由此也看清了一些所谓"伟人"的真面目。民国初年中国移植西方政治制度的混乱、上层政治生活的丑恶，使体验此情此景的梁漱溟感到震惊。辛亥革命仅在形式上推翻了封建帝制，政局并未因此而好转，国家似乎一天比一天更糟。这一经历使他确信西方的民主制度

天津《民国报》报社。

若没有基层民众的配合，只能变成野心政客的掌上玩物。这也是他放弃主张在中国建立西方式民主制，而深入到乡村，试图从基层培养中国人的民主习惯的原因之一。[1]

诚如梁漱溟自己所说：

作新闻记者生活约一年余。连参预革命工作算起来，亦不满两周年。在此期间内，读书少而活动多，书本上的知识未见长进，而以与社会接触频繁之故，渐晓

[1] 善峰：《梁漱溟社会改造构想研究》，山东大学出版社1996年版，第22页。

得事实不尽如理想。对于"革命""政治""伟大人物"……皆有"不过如此"之感。有些下流行径、鄙俗心理，以及尖刻、狠毒、凶暴之事，以前在家庭在学校所遇不到的，此时却看见了；颇引起我对于人生，感到厌倦和憎恶。[1]

1912年8月，中国同盟会改组为国民党。梁漱溟参加了25日在北京虎坊桥湖广会馆举行的成立大会，亲闻孙中山总理和黄克强（兴）先生的长篇演讲。同样是这一年，梁漱溟的母亲病逝北京。次年春，国民党总部将《民国报》进行了改组，改为国民党本部的机关报，并派议员汤漪负责。汤漪到任后将编辑部换了一批新人，梁漱溟与一干朋友便离去了，自此脱离了国民党。

---

[1] 梁培宽编：《梁漱溟自传》，江苏文艺出版社1998年版，第34～35页。

三　思想历程

1916年梁漱溟与同任南北统
一政府司法部机要秘书的沈钧儒
（左）合影。

中学毕业后，梁漱溟参加革命，经历了短暂的记者生涯。由于不断受到现实的打击以及自己对于社会的片面思考，使得他的内心陷入了彷徨与苦闷之中。此段时间，其思想也由钟情社会主义到倾心佛学，而后又经历了由佛学向儒学"脱胎换骨"的蚕蛹之蝶变过程。

社会主义的情愫

社会主义思想在19世纪末20世纪初传入中国，1899年英国传教士李提摩太（Timothy Richard, 1845~1919）节译英国进化论者颉德的著作《社会的进化》前四章，以《大同学》为题发表在由西方教会出版机构广学会主办的《万国公报》上。此后，由旅学欧洲和浮槎东渡的知识分子将社会主义的名词、著作引进了中国，同时，也就导入了讨论这一问题的思想潮流。在中国，一批探索社会改革出路的进步青年受其影响，但由于时代及认识的局限，未能掀起思想界的轩然大波，便纷纷另奔它途，或偃旗息鼓。

大约是1912年初的一天，梁漱溟偶然在家中的旧书堆里找

幸德秋水，日本早期社会主义者。他的宣传马克思主义的名著——《社会主义神髓》一问世就轰动一时，并很快被翻译成几种汉文译本。梁漱溟对该书中"反对财产私有的话"印象深刻，并做了深入思考。

到一本日本无政府主义者幸德秋水著、张继译的《社会主义之神髓》小册子，其中有关反对私有财产的话引起了他的共鸣，并不断思索这个问题，愈想愈多，不能自休。"终至引我到反对财产私有的路上，而且激烈地反对，好像忍耐不得。"[1]此时人们关注的是政治上的"社会主义"，而对经济改造一般人并不注意。梁漱溟理解的"社会主义"主要是基于社会现实状况而触发的感想，虽比较简单，但从经济上去把握，恰是这派理论的精髓，从本质或方向上摸准了社会主义的本质。

经过一段时间的思考，1912年冬天，梁漱溟撰写了《社会主义粹言》一书。由于无钱付印，便从朋友处借来誊写板，自己刻印了数十份，分送给朋友。该书共分十节，一万二千余字，但非常遗憾书已佚失，无从查找。1923年8月，梁漱溟在山东第六中学讲演，由听者崔万秋笔录之一段为其中"社会主义之必要"大义，其中所举例子，不外乎女子为生活所逼，强扮笑颜委曲承欢，"受人家的糟蹋侮弄"；而富者"侍强造孽"，威逼自姿；拉人力车的白发老头，跑不动，而坐车的催他快跑，一跤跌倒，头破血流；瘦弱无力的男子，因饥饿无奈，偷食了人家的面包，被警察五花大绑，牵行过市。从梁漱溟对社会

---

[1] 梁培宽编：《梁漱溟自传》，江苏文艺出版社1998年版，第37页。

主义思考的内容看,认为私有制是引起社会纷争、道德败坏、国家秩序混乱的根源,只有废除私有制,生产资料归公,生活问题基本由社会共同解决,才是免除社会纷争的根本办法。因此,不改造这个由社会竞争、私有制所造成的不良社会制度,包括教育在内的社会各个方面问题的解决都是不切实际的。

在后来《我的自传》中,梁漱溟又对此作了回溯与思考,有助于诠释并理解他的上述阐析。

有法律之所许可,道德不及纠正,而社会无形予以鼓励的事,那便是经济上一切竞争行为。竞争之结果,总有许多落伍失败的人,陷于悲惨境遇。其极端之例,便是乞丐。有的不出来行乞,而境遇悲惨须人救恤者,同属这一类型。大抵老弱残废孤寡疾病的人,竞争不了,最容易落到这地步。我认为这亦是人间的一种罪恶。不过这种罪恶,更没有哪一个负其责,显明是社会制度的罪恶了。此时虽有慈善家来举办慈善事业以为救济,但不从头理清此一问题,枝枝节节,又能补救得几何?

此时普及教育是不可希望的,公共卫生是不能讲的,纵然以国家力量勉强举办一些,无奈与其社会大趋势相反何?大趋势使好多人不能从容以受教育,使好多人无法讲求卫生。社会财富可能以自由竞争而增进(亦有限度),但文化水准不见得比例地随以增高,尤其风俗习惯想要日进于美善,是不可能的。因根本上先失去人心的清明安和,而流于贪吝自私。再加以与普及教育是矛盾的,与公共卫生是矛盾的,那么,将只有使身体方面心理方面日益败坏堕落下去!

人类日趋于下流与衰败,是何等可惊可惧的事!教育家挽救不了;卫生家挽救不了;宗教家、道德家、哲学家都挽救不了。什么政治家、法律家更不用说。拔本塞源,只有废除财产私有制度,以生产手段归公,生活问题基本上由社会共同解决,而免去人与人间之生存竞争。——这就是社会主义。[1]

---

[1] 梁培宽编:《梁漱溟自传》,江苏文艺出版社1998年版,第38～39页。

这种偏于调合，以合作摒弃竞争，认为资本市场是私有制的渊薮，唯有家族宗法伦理才能化解矛盾的主观设计恰是梁漱溟走向以乡村建设运动稳定、振兴农村，消除社会对抗的逻辑思路。

在探寻社会解放的道路上，以私有制作为社会黑暗的根源，无疑是抓住了一个本质问题。但是，究竟如何消灭私有制度，梁漱溟却没有回答。

综观梁漱溟的一生，在他的思想深处一直是有社会主义情结的。这不但在他1949年以后的言行中有明显的表示，即便在20世纪二三十年代最重要的著作《东西文化及其哲学》中对基尔特社会主义的称赞、乡村建设时期对社会主义思想的借鉴和实施上也都可以窥见一斑。他的教育思想及实践活动从广东、河南、山东，直到重庆，无论是哪个层次的办学机构，或何种类型的教育场所，都始终贯穿着以教育稳定社会、培养人才、改造文化、复兴乡村，实现理想社会政治的愿景，其中不乏社会主义的成分。例如，在河南乡治学院办学要义的社会功能分析中，便从经济基础与上层建筑关系的认识体现社会主义较之资本主义的独特价值。

欲使社会于其经济方面益进于组织的，是在其生产及分配的社会化。生产的社会化，欧人资本社会既行之矣；其分配问题犹未能焉。分配问题不解决，固缺欠组织之大者。共产革命殆为不可免也。然是在我则或不为难。吾民族精神向来之所昭示于此至为符顺，一也。生产曾未发达，则两面的社会化问题同时并进其势既便且易，二也。吾为农国，农业根本不适于资本主义而适于社会主义，三也。[1]

---

[1] 梁漱溟：《河南村治学院旨趣书》，中华文化书院学术委员会编：《梁漱溟全集》第四卷，山东人民出版社2005版，第913页。

梁漱溟后期在山东乡村建设研究院推行的邹平乡建模式恰是以乡村社会教育组织形式及儒家伦理化理论的现代复兴作为其理论依托，因为在他看来，这是解决现存社会秩序及价值混乱或弊端的一剂良药，而这恰恰是工业化资本主义国家社会的残缺及偏差。

佛学的痴心

曾任汪伪政府考试院副院长的江亢虎于1911年在上海成立社会党，借社会主义之名，行招摇撞骗之实，这促使梁漱溟的社会主义情结消退。1913年，由于对辛亥革命后的社会现状深感失望和沮丧，梁漱溟脱离了同盟会，退出了《民国报》。

种种现实社会问题的刺激使梁漱溟的精神出现了深刻的危机，他一度对社会问题深感厌倦，在理想和现实无法统一的情况下，一种孤苦无告的焦躁和无助感占据了青年梁漱溟的心，使他经常处于日益增长的愤怒重压下，徘徊在自我毁灭的边缘，曾两度自杀未遂。正当其时，中国出现了一个复兴和改革佛学的高潮，唯识学说处于运动的前沿。唯识学说主要流行于唐代，但在唐末五代就逐渐衰落了。20世纪二三十年代，佛教复兴者杨文会（仁山）重新整理、传播唯识经典，直到新中国成立，唯识宗一直是知识界右翼复兴的先锋。梁漱溟与欧阳竟无、太虚、梁启超一道成为这一复兴运动的主要发起人。

对社会极度失望的梁漱溟由关注社会问题转为重视人生问题，由"入世"转为"出世"，通过隐居和潜心佛法，接受人生是苦的观点，从佛家的自我疗法中求得精神的解脱。实际上，不唯梁漱溟，章太炎、鲁迅以及许多热血青年都曾因辛亥革命的失败，以及民国初年政治生活中的种种丑恶现象而悲观失梁漱溟录《解深密经》文句。

望过。章太炎当时在家信中写道："今日所观察者，中国必亡，更无他说。余只欲避居世外，以作桃源，一切事皆不闻不问，于心始安。""要之，自所怀者，唯有一死，次则出家为沙门也。"[1]鲁迅在《南腔北调集·〈自选集〉自序》一文中回忆说："见过辛亥革命，见过二次革命，见过袁世凯称帝，张勋复辟，看来看去，就看得怀疑起来，于是失望，颓唐得很了。"

梁漱溟经反复思索后认为，人生的苦不在于外界的环境，而在于内心的主观世界，在于人的永不满足的欲望。通俗观念恒以苦乐联系于处境，谓处富贵则乐，处贫贱则苦。因为人类仰赖外在物质而生活，物质之富有或贫乏就决定着生活欲望之易得满足或不易满足，而人当所欲得遂时则乐，所欲不遂时则苦也。这自然不是没有理由的，却有一种淆乱错误隐伏其间。苦乐问题与其着重在外境来看，不如着重在人们的主观方面犹为近真。欲望通常表现于人们的意识上，而欲望之本则在自身，苦乐的直接感受亦在自身，只是每因通过意识而有强弱的变化和向对立面的转化。欲望在人也不是固定的，一欲望满足，另一欲望即来，层出不穷，遂有增高。

梁漱溟自述："我20岁以后之归心佛法，实由此热潮（指社会主义，笔者）激转而折入出世一路者。"读佛经大致有两个时期：一是14～15

---

[1] 1913年1月4日、1915年4月6日家书。引自汤志钧：《章太炎年谱长编》，中华书局1979年版，第452、497页。

岁,辛亥革命之前在北京图书馆分馆(前青厂)借阅佛书;一是民国以后辞去记者一职,进北京大学之前,在家闲居的两年多时间。开始并不懂得什么大乘、小乘,什么密宗、禅宗等,但由于自己对人生苦乐的探求与佛学合拍,便从较通俗的《佛学丛报》着手,边学边钻研,久而久之,渐渐入门。"但因无人指教,自己于佛法大乘小乘尚不分辨,于各宗派更属茫然,遇有佛典即行购求,亦不问其能懂与否。曾记得'唯识''因明'各典籍最难通晓,暗中摸索,费力甚苦。"[1]

梁漱溟录
《六祖坛经》
经文之一页。

---

[1] 梁培宽编:《梁漱溟自传》,江苏文艺出版社1998年版,第40页。

正因为如此，梁漱溟倾心于印度出世思想。"十七岁曾拒绝母亲为我议婚，二十岁开始茹素，寻求佛典阅读，怀抱出家为僧之念，直至二十九岁乃始放弃。"[1]对于梁漱溟居家潜心研究佛典，不吃肉、不饮酒、不娶妻生子，过和尚式生活的"出格"举动，久病在床的母亲心中痛苦不已，她谆谆开导了儿子很长时间却没有效果，梁漱溟仍坚持不结婚，这让母亲心情郁结直至逝世。经过"暗中摸索"，凭着自身良好的自学素质和坚忍的毅力，他不仅啃下了不少佛学经典，而且成了现代中国著名的佛学学者。

梁漱溟录《般若波罗密多心经》经文之一页。

无论是对中西文化的认识，还是对人生问题的探索，梁漱溟都带有浓厚的佛教情结。"我研究知识作用的方法就是根据于唯识学。""我只是本着一点佛家的意思裁量一切，这观察文化的方法也别无所本，完全是出于儒家的思想。"[2]他在山东邹平乡农教育实验中有关教育内容及教育方法的设计与具体实施中，重视精神陶炼、心理培植与心性感染的内容及手段，表现出与同时代乡村平民派教育家晏阳初以基督教、儒家思想及实用主义哲学为指引规划科学主

---

[1] 梁培宽编：《梁漱溟自传》，江苏文艺出版社1998年版，第40页。
[2] 梁漱溟：《东西文化及其哲学》，中国文化书院学术委员会编：《梁漱溟全集》第一卷，山东人民出版社2005年版，第397页。

时任南北统一政府司法总长的张耀曾。1913年春，梁漱溟闭门家中专心佛法，直到1916年8月才结束了闭关生活，担任张耀曾的机要秘书。

义教育实验和推行乡建模式之间的显著不同，而明显带有新人文主义文化教育流派的色彩。

梁漱溟在研习佛法的过程中，心态渐趋平和，弥合了损伤的心神。1916年2月袁世凯取消帝制，5月袁亡。黎元洪继任大总统，冯国璋为副总统，段祺瑞被重新任命为国务总理，兼陆军总长。8月，24岁的梁漱溟由司法总长张耀曾推荐，担任司法部秘书，负责一些机要函件，同时任秘书的还有沈钧儒等人。

是年，梁漱溟在《东方杂志》上发表佛学论文《究元决疑论》，后收入《东方文库》以单行本印行。"究元"，指对源由、本然或原始的分析；"决疑"，决行止之疑。文章从两个方面阐述佛家对宇宙、人生的看法，在批评古今中外各家学说时，唯独推崇佛学，充分发挥印度哲学的出世思想，认为皈依佛法是人生唯一的出路。

《究元决疑论》分两部分，第一部分是"佛学如实论"，论证佛性真如，探讨的是宇宙的本体问题；第二部分是"佛学方便论"，谈论的是"幻象假有"，是现象界的问题，"将以决行止之疑"。前者是出世的问题，后者是入世的问题。正是用大乘佛学的真无幻有来将佛学的出世与儒家使命感的入世精神整合起来。梁漱溟毕生思考和试图解决的有两大问题：在人生问题上，持佛家的态度；在社会抑或是中国社会改造问题上，持儒家的态度。二者互为依存。正是这种儒佛兼有的思想特征，降低了现实事业探求中的功利动机和风险负荷，而以意念精神化解了由此引发的焦虑与紧张。梁漱溟也一如以西方基督教博爱、平等相期许的晏阳初、陶行知、马相伯等现代教育家，在开拓现实教育改革试验中充满着宗教家的奉献精神，并且在转而执着探索的教育实践活动中，也秉持以宗教家的出世情怀来开展他的事业，并曾因此引发以毛泽东为代表的共产党领导者"至为钦佩"的评价与感言。

《东方杂志》。

《究元决疑论》书影。

范源濂，中国近代教育家、社会活动家。民国成立后，数次出任教育总长、次长。1916年9月，时任教育总长的他致电邀请蔡元培出任北京大学校长。

蔡元培。因时任北大校长蔡元培的赏识，中学学历的梁漱溟得以在北大任教。

《究元决疑论》的发表使梁漱溟的名字在学术界传扬开来，由此结识了不少文化名人，最终也因此而进入北京大学任职。这还得从1916年冬天说起，时任教育总长的范源濂邀请留学德国的蔡元培归国担任北京大学校长，梁漱溟与范相识，而范也颇为欣赏其所写的《究元决疑论》，便有意介绍他拜见蔡元培，见面后蔡元培当即向梁漱溟提出了到北大任教的邀请。梁漱溟考虑自己年纪尚轻，而且只有中学学历，一时不敢应承下来，便推说自己只是一知半解，况且准备讲稿也需要一段时间。但不久后，蔡元培仍正式聘请梁漱溟出任北大哲学系导师，主讲印度哲学。

再度出山

　　1917年，段祺瑞与黎元洪对抗，时称"（总统）府（国务）院之争"。5月中旬，安徽督军张勋拥清逊帝溥仪复辟，张耀曾随政府改组而下野。梁漱溟离职南下，游历了苏州、杭州和湖南一些地方，10月北归时在衡山遇北洋军阀旧部王汝贤率领的部队败走长沙，军纪极坏，一路所见，可谓触目惊心。梁漱溟回京后，有感于南北军阀战祸之烈，写出《吾曹不出如苍生何》一文，呼吁社会各界有心人出来组织国民息兵会，共同阻止内战，培植民主势力，并自费印了数千册，分送与人。恰这时许季上居士大病，自暑假开学便缺课，蔡元培催促他到校接替。到北大任教后，他还拿了若干册放在教员休息室，供人翻阅或自取。当时亦在北大任教的旧派学者辜鸿铭翻阅后，自言自语道："有心人哉！"梁漱溟回忆："我这篇文章很得他（胡适）的同情与注意。其后，事隔数年，他还提起来说，当日见了那篇文以后，即在日记上记了一句话：梁先生这个人将来定会要革命的。"[1]

　　在这篇文章中，梁漱溟首先对当时的社会动乱及引起的严重后果进行了揭露。"政治上之武装的势力"所以敢冒天下之大不韪，连年发动战争，造成"此种种之恶局面"，一个重要原因就在于"吾曹"，即自认为自己是好人的人，尤其是像自己这样的"好人"——知识精英——置身于政治之外，或潜心于佛法，或逍遥于山林，或埋首于故纸堆中，未能承担起"君子"的社会责任，所以他指出："改造今日不可安之局面而成一举国皆安之局面者"，其关键在于"吾曹其

---

[1] 梁漱溟：《主编本刊（〈村治〉）之自白》，中国文化书院学术委员会编：《梁漱溟全集》第五卷，山东人民出版社2005年版，第5页。

兴起"，高举"非战"的大旗，组织"国民息兵会"，动员全国的舆论，迫使军阀同意停战，并保证今后不再相互诉诸武力。息兵会具体的组织方式和实施步骤，一是依靠遍及各省府州县的商会和教育会，使之成为"非战"的宣传机构；二是以"非战"两字为口号，广结同情，以"息兵"两字为目标，树立信心；三是一面传播非战主义，发布论文及白话小册子，一面要求各方面罢兵，永不许战争见于国内；四是要求息兵，其余政治上的问题概不过问。在他看来，除组织国民息兵会、利用舆论的力量求得全国的和平外，其他一切主张和措施，如北方的武力统一、南方的兴兵护法，如调和南北、共谋国是等等，都没有抓住问题的根本，结果不仅不能解决问题，相反还会"驱入乱途"，引起更多的社会破坏。并且他相信，只要像他这样的"好人"能以救国救民为己任而"兴起"，那么中国前途就有希望。梁漱溟充满感慨而自信地说："吾曹不出，悉就死关，吾曹若出，都是活路。而吾曹果出，大局立转，乃至易解决之事，乃必成功之事。今日之宇内更无有具大力量如吾曹者，握全国之枢机者不在秉钧之当局，而在吾曹。嗟乎！吾曹其兴起！吾曹不出如苍生何？"[1]

20世纪20年代，社会上出现了"好人政府"的政治主张及实践。应该说这与梁漱溟在文中的言论是不谋而合的。1922年华盛顿会议以后，由于帝国主义加紧对中国的侵略，军阀连年混战，使民族危机和国内政治经济危机日益严重。一部分民族资产阶级、上层小资产阶级的代言人，幻想通过政治上的改良，谋求中国的出路。所谓"好人政府"就是这个时期的一种改良主义思潮。1922年5月，蔡元培、胡适、王宠惠、汤尔和、梁漱溟、罗文干等人在《努力周报》上联名发表《我们的政治主张》一文，提出组织一个"好人政府"，"作为现在改革中国政治的最低限度的要求"。他们认为，中国政治之所以败坏，"好

[1] 梁漱溟：《吾曹不出如苍生何》，中国文化书院学术委员会编：《梁漱溟全集》第四卷，山东人民出版社2005年版，第525~541页。

人自命清高"是一个重要原因。因此，社会上的优秀分子出来和恶势力斗，组织"好政府"，是"政治改革的唯一下手工夫"。他们主张南北正式议和、协商召集国会、制定宪法、分期裁兵、改良选举制度、实行财政公开等，并提出了"宪政的政府""公开的政府""有计划的政治"三项政治改革原则。他们鼓吹只要几个"好人"出来组织政府，不必打倒帝国主义和封建军阀，中国就可以富强起来。[1]同年9月，在直系军阀吴佩孚支持下，北京政府改组内阁，王宠惠出任国务总理，罗文干、汤尔和等入阁，他们被认为是无党无派的"好人"，故该政府曾有"好人政府"之称。但"好人内阁"事事听命于军阀，什么好事也没做，11月下旬就被迫纷纷辞职下台。

上述思想在军阀统治下"率兽食人"的黑暗社会里根本无力实现，但其中所暗含的提高民众素质，以改良乡村社会为基础，化解社会矛盾，实现理想社会的设想却成了日后持续漫长岁月的乡建运动的基本理论；同样，所蕴含的通过社会舆论干预或影响现实政治的努力也贯穿于梁漱溟以后的教育活动和社会活动之中。

佛儒之间的转换

从1917年至1924年暑假辞职去山东办学为止，梁漱溟在北大任教七年，就是这段在北大的活动经历及生活体验，使他的思想又发生了重大变化，逐渐从"古印度人的出世思想"转向"中国的儒家思想"，并成为20世纪中国著名的文化保守主义者和现代新儒学的"开启者"。

---

[1] 高平叔编：《蔡元培全集》第四卷，中华书局1984年版，第187～190页。

1917年10月，梁漱溟抱着为学术而教育的目的正式来到北京大学。当时正值新文化运动初期，陈独秀、李大钊和胡适是此次运动的重要人物。新文化运动进行文化上的改革，希望用西方的民主和科学思想来拯救中国的文化和人心。而与此相应的就是要打倒旧文化，去除传统，甚至出现了陈序经所谓的"全盘西化"和胡适略加修正的"充分世界化"等思想和主张。一时间，社会上刮起了"德先生"和"赛先生"的崇拜之风。北京大学成为"五四"新文化运动的摇篮和策源地，倍受中外人士和媒体关注。以《新青年》杂

1923年，北京大学任教时期的梁漱溟。梁漱溟晚年回忆说："我是为蔡先生引入北大而得到培养的一个人。而今我已九十有五，追忆往事，真可谓培育之恩没齿难忘。"

1918年7月，北京大学哲学门毕业合影。前排教师左起：康宝忠、崔适、陈映璜、马叙伦、蔡元培、陈独秀、梁漱溟、陈汉章，二排左四为冯友兰。

马神庙北大校址。

北京大学哲学系旧址。

以1915年9月创刊于上海的《新青年》为阵地，陈独秀等发起的新文化运动为四年以后"五四"运动的爆发积累了丰富的思想资源。

章士钊，中国近代有重要影响和贡献的政治活动家、大学问家，他博古通今，才华横溢。民国始建，任《民主报》主编，创刊《甲寅》杂志，力主"为政尚异""调和立国"，为求索共和民主争鸣。

志为中心，形成思想文化界的新派势力群，酿成中国近现代史的思想大潮，被史家喻为直接与先秦诸子"百家争鸣"、宋代理学思想学派的论辩相媲美的第三次思想高峰。每天出版的《北京大学日刊》也连续地介绍新文化运动的进展。章士钊办的《甲寅》杂志也要"打倒孔家店，"仅李大钊一人就连续发表论文七十余篇，强烈抨击了孔子和中国传统文化。陈独秀也以他煽动性的语言，一次次掀起"打倒孔家店"的高潮，并号召人们摆脱"奴隶之羁绊"，完成思想和个性的解放。

　　梁漱溟到北京大学之初，就抱定了要对"释迦、孔子两家的学术，至少在课堂上负一个讲明白的责任"，新文化运动在北大的蓬勃开展无疑让他在教学伊始就陷入了尴尬的局面。他先在北大的哲学系讲授印度哲学，并随后撰著

《印度哲学概论》，分为印土各宗概略、本体论、认识论、世间论四编，此书的写作目的是为了"替释迦说个明白"，所以，在内容设计上就更为注意对佛教哲学的论述，抛弃传统意义上对佛家学说的高谈阔论，而是站在哲学的角度、运用哲学的思辨方法来研究佛法，并注重与西方哲学进行比较，以便挖掘出印度哲学尤其是佛教哲学的现代意义。梁漱溟通过将两者比较所得出的一些结论，如佛教唯识学的本体论和认识论不同于西方的本体论和认识论，佛教哲学不在求知而在其宗教上的解脱等等，成了他后来建构自身文化哲学体系的理论资源。而其中的生命意象、精神价值以及人生境界等不仅成为他的新儒学成分，更是乡村教育目的论、功能论及教学论的思想基础之一部分。

《印度哲学概论》对于将佛家学说搬到中国高等学府的大讲堂上来进行深入探索与研究，可谓贡献不小。但梁漱溟的志向不限于此，在北大期间的讲学，不仅仅是为了完成学校规定的教学任务，而是最想致力于东西方文化及哲学的研究工作。当时，将东西方文化进行对比的人寥寥无几，有朋友劝诫，即使进行研究，也不会引起人们的关注。但梁漱溟对东西方文化特点进行比较的强烈诉求让他坚持了这一想法，对于生活、行事，从来不肯随便，对一个要研究的问题，若没有得出一个确实心安的主见，就不放松、不罢休。于是，在1918年，也就是进北大的第二年，他在《北京大学日刊》上刊登了一则广告，目的是征集有志向和兴趣的、想要研究东西方哲学的人同他一起做学问，但响应者寥寥无几。

梁漱溟《印度哲学概论》书影。

1919年前后，任教北大的梁漱溟与好友合影于北平（北京）中山公园，图中从左至右依次为：雷国能、李大钊、梁漱溟、张申府。

2014年的北京中山公园，任时光荏苒，那座亭，那片假石依然如故。

　　当时的北京大学聚集着一大批著名的思想家，如陈独秀、李大钊、胡适、陶孟和、黄侃、刘师培、马叙伦、钱玄同、辜鸿铭等，他们在思想倾向上分为截然对立的新旧两派。仅中学毕业的梁漱溟其学术地位远不能和这些大师相比，也自认为不属于任何一派。正如后来他回忆的那样：

　　这时我个人固然同在蔡先生聚拢包容之中，然论这运会却数不到我。因我不是属于这新派的一伙。同时旧派学者中亦数不到我。那是自有辜汤生（鸿铭）、刘申叔（师培）、黄季刚（侃）、陈伯弢（汉章）、马夷初（叙伦）等等诸位先生的。我只是在当时北京大学内得到培养的一个人，而不是在当时北大得到发抒的一个人。于此，我们又可以说：蔡先生的伟大非止能聚拢许多人，更且能培养许多人。

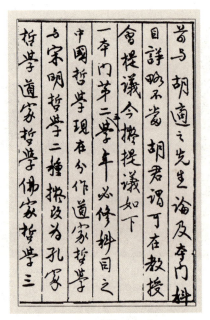

梁漱溟致时任北京大学哲学系主任的
陈百年先生书,1920年。

除了许多学生不说,如我这样虽非学生而实受
培养者,盖亦不少也。[1]

但他同时又认为自己既到大学作学术方
面的事情,就一定要替释迦、孔子两家的学
术,至少在课堂上负一个讲明白的责任。可见
他正式任教北大之前,已经将心思和学术分成
了两部分,其思想上仍倾于佛学,而学术上却
要把释迦和孔子都弄个明白。

随着新文化运动的发展,"打倒孔家店"的
呼声日益高涨,这让梁漱溟把释迦和孔子讲明
白的心愿实施愈发艰难,给他所讲授的传统文
化的课程带来了巨大的冲击。与此同时,他心里
又多了一个担忧:过分地宣扬西方近代的"民
主"与"科学"思想,会不会让中国几千年来博大精深的传统文化付诸东
流。

在梁漱溟看来,弃佛归儒,舍去向来做佛家的心愿,"来做孔家的
生活",是保留传统文化的有效途径。他之所以抛却佛家生活而归入
儒家生活,绝非仅仅因为个人心理的冲突或精神的欲望,而是具有了一
种不可推卸的历史责任,尤其是对东西方文化及哲学进行比较和反思
的工作更是如此。就如他自己所说:

---

[1] 梁漱溟:《纪念蔡元培先生——为蔡先生逝世二周年作》,中华文化书院学术
委员会编:《梁漱溟全集》第六卷,山东人民出版社2005年版,第348~349页。

无论西洋人从来生活的猥琐狭劣，东方人的荒谬糊涂，都一言以蔽之，可以说他们都未曾尝过人生的真味，我不应当把我看到的孔子人生贡献给他们吗！然而西洋人无从寻得孔子，是不必论的；乃至今天的中国，西学有人提倡，佛学有人提倡，只有谈到孔子羞涩不能出口，也是一样无从为人晓得。孔子之真若非我出头倡导，可有哪个出头？这是迫得我自己来做孔家生活的缘故。[1]

1920年春，少年中国学会[2]邀请梁漱溟作宗教问题的演讲，梁漱溟在家补写讲词，不料下笔总不如意，写不数行，涂改满纸，思路窘涩，头脑紊乱。梁漱溟不禁诧异，掷笔叹息。静心一时，随手翻阅《明儒学案》，本对其中泰州王心斋一派素所熟悉，此时于东崖语录中忽见"百虑交锢，血气靡宁"八个字，不觉蓦地心惊，顿觉头皮冒汗，默然有省。遂决然放弃出家之念。[3]

这顿悟似的觉醒促使梁漱溟放弃了原先所秉持的出世原则，回到了现实的生活之中。他改变了对佛法的认识，"当初归心佛法，由于认定人生唯是苦。一旦发现儒书《论语》开头便是'学而时习之不亦乐乎'，一直看下

王艮，字汝止，号心斋。明代哲学家，泰州学派创始人。

---

[1] 梁漱溟：《东西文化及其哲学·自序》，中国文化书院学术委员会编：《梁漱溟全集》第一卷，山东人民出版社2005年版，第544页。

[2] 1919年7月正式成立，总会设在北京，还有成都、南京两个分会，会员分布在北京、天津、上海、辽宁、陕西。在德国、美国、英国、日本和南洋等处也有它的会员。先后入会的共121人。

[3] 梁培宽编：《梁漱溟自传》，江苏文艺出版社1998年版，第47页。

去，全书不见一苦字"。[1]后来又进一步发现"宋儒有'寻孔颜乐处'之说，明儒有'乐是乐此学，学是学此乐'之说"。[2]泰州学派对梁漱溟的影响不仅仅是对苦乐问题的认识，更是为他点燃了改造现实社会的勇气。因此，梁漱溟从现实的感受出发，重新认识人生的苦乐问题，通过思索坚定了解决社会问题的志向，并最终确立了回归世间的人生态度。正如其所说："人生真乐必循由儒家之学而后可得。"[3]梁漱溟由此发现了儒家生活的意义与价值，从而走向了一个崭新的世界。

随着梁漱溟对儒家之乐的不断关注，他开始推崇儒家的思想理念，1921年《东西文化及其哲学》的出版标志着他弃佛归儒思想转变完成。而由挚友伍观淇介绍，与伍夫人之妹黄靖贤女士结婚则是表明这种转变的决心，同时也是告慰父母的在天之灵。1921年夏，友人伍观淇来访，将其妻妹黄靖媖介绍给了梁漱溟。黄靖媖生于1894年，小梁漱溟一岁。1921年11月13日，梁漱溟与黄靖媖结婚，他提议将黄靖媖改名为黄靖贤。据梁漱溟自述，他们婚后前几年，由于学识、性格、兴趣上的差距，存在着难以沟通的距离感，再加上自己要求过于理想化，有时对夫人表露出不满。但随着时间的流逝，他对夫人的长处有了更多的认识，自己的某些性格问题也有所改变，两人的感情逐渐变好，而且到了互相爱惜照顾的和谐状态。1950年4～5月间，梁漱溟在河南新乡，山东济南、曲阜、菏泽、邹平等地参观考察农村社会改革成就及农民的生产生活状况。在邹平期间，亲临葬在邹平境内的黄靖贤墓地，深表哀痛之情。后来又费心劳神把夫人灵柩运回北京安葬在祖茔。20世纪80年代初，他曾对访问他的美国芝加哥大

---

[1] 梁漱溟：《我的自学小学史》，中国文化书院学术委员会编：《梁漱溟全集》第二卷，山东人民出版社2005年版，第698页。

[2] 梁漱溟：《儒佛异同论》，中国文化书院学术委员会编：《梁漱溟全集》第七卷，山东人民出版社2005年版，第157页。

[3] 梁漱溟：《儒佛异同论》，中国文化书院学术委员会编：《梁漱溟全集》第七卷，山东人民出版社2005年版，第156页。

1921年11月13日，梁漱溟与黄靖贤结婚，婚后育有两子：长子培宽，次子培恕。1935年8月20日，黄靖贤因难产去世时，二子均在幼年。梁漱溟与黄靖贤感情融洽，因而甚为悲伤，在晚年尤为怀念结发之妻，写有《纪念先妻黄靖贤》一文。

1929年，梁漱溟（二排右一）、黄靖贤（二排左一）夫妇与亲属合影。与黄靖贤相依者为次子培恕，前排右一为长子培宽。

学教授艾恺说过，黄夫人是真正的贤内助，绝对忠于丈夫；又说，自己一生中有什么真正痛苦的话，那就是黄夫人的去世。

《东西文化及其哲学》内容共十五章，全书十余万字。该著作是梁漱溟学术思想走向成熟的标志。

梁漱溟在书中"评判东西文化各家学说而独发挥孔子哲学"，从文化渊源和人生哲学上对"五四"新文化运动进行了独特思考，打出了"新孔学"和"东方学"旗帜，以呼应他于1918年所提出的有关"孔子哲学"的研究问题。关于人类文化比较分析的重心放在中西文化比较方面。他认为，西方文化焕发出了"民主"与"科学"两种异彩，这是西方文化的优势；而中国文化则有"暧昧而不明爽"的多种弊端。人们应该认识到中国文化的不足之处，取西方民主、科学之利以补救其缺失。他又进一步指出，西方文化缺点也同样明显，中国文化的价值不容抹煞，通过对比，更能够体现中国文化的价值。

从梁漱溟对有关文化哲学问题的研究及计划设计来看，他注意从人类学、哲学角度，运用比较研究法探讨中国、印度和西方三大文化体系的异同及各自特点，以期指明中国文化的未来走向或趋势，并得出世界未来文化是中国文化复兴的结论，而并非如一些研究者所认为的，梁漱溟的思想转变是出于一种未经智慧思考的本能的保守主义。

现代性情结使得许多论者对梁漱溟的评价较为低调，认为梁漱溟的思想是不合时宜的，仍然走的是"中体西用"的路子，而"历史已证明这是不通的"，因为儒家与民主和科学格格不入。当然，同情新儒家的研究者不但不会接受这种看法，而且刚好相反。他们认为，梁漱溟在中国现代思想史上的意义恰恰在于他复兴和发扬儒学，以与时流相抗，尤其是对儒家生命哲学的阐扬。当然，也要谈及他卓然不群的狂狷人格。[1]

---

[1] 郑大华、任菁编：《孔子学说的重光》，中国广播电视出版社1995年版，第54页。

日文版与法文版的《东西文化及其哲学》。　　　　　　梁漱溟著《东西文化及其
哲学》封面。

　　差不多同时,中国思想文化界又出现了反思科学至上、科学万能的浪潮,甚至提出怀疑科学价值、功用的论调,在中国传统文化出现离异之后,又发生了回归的潮流。这种氛围与梁漱溟的思想轨迹恰是合拍的。

　　这部以维护传统儒学的人生态度和道德理想为职志的新儒学著作《东西文化及其哲学》的影响力,诚如海外梁漱溟研究专家艾恺所称:

　　梁漱溟的讲演以及这些演说的出版也确实在知识分子中造成了轰动。一部学术著作吸引了如此众多的读者,这还是史无前例的。这本书在头四年中一连印刷了八次,同时也把梁漱溟抬到了全国瞩目的位置上。他在大学中的日常课程也突然吸引了大批学生和校外听众,以至于他不得不把他的课改在校内主要大厅里讲授。他在外间的讲演也成了值得报道的重要新闻。虽然他年纪尚轻且成就

1922年，梁漱溟在山西太原讲演时与"洗心社"成员合影。

无多，但他的名字甚至出现在"中国当代大人物"的民意测验中。梁漱溟的影响和名声也不仅局限于中国和中国人中间。该书出版几个月以后就在日本的学术界中引起了评论，关于此事的消息也在国外的留学生中不胫而走。一位西方传教士甚至出版了此书的摘要。[1]

艾恺还从中西文化思想对抗拉锯的较量态势中得出结论："梁氏的理论在1921年具有如此的魅力，说明了沿海大埠的学术圈外，新文化运动的震撼是有限的。"[2]对于该书的内容及价值，除了西化论者如胡适、陈序经、丁文江等

[1] [美]艾恺著，王宗昱、冀建中译：《最后的儒家——梁漱溟与中国现代化的两难》，江苏人民出版社2003年版，第54～55页。
[2] 傅乐诗编：《近代中国思想人物论：保守主义》，时报文化出版事业有限公司1980年版，第292页。

少数人作了批评与低调的评价外，其他人士的反响甚为积极，甚至有渲染、溢美之辞。如李石岑曾指出："发行之后不到一年，已经得了近百篇的论文，十几册的小册子，和他大打其笔墨官司。这样一闹，他这部书，居然翻成了十二国的文字，把东西两半球的学者，闹个无宁日。"[1]孙道升视梁漱溟为"新陆王派"的主要代表，并指出："（该书）即其新陆王哲学的精神之所托命者。截止现在，西洋人尚以梁氏为中国的唯一哲学家，其所以能取得这种地位，也只是因为他所缔造的这种哲学。"[2]牟宗三对此评论道："他（指梁漱溟）独能生命化了的孔子，使吾人可以与孔子的真实生命及其智慧相照面，而孔子的生命与智慧亦重新活转而被披露于人间。同时，我们也可以说他开启了宋明儒学复兴之门，使吾人能接上宋明儒者之生命与智慧。吾人须知宋明儒学与明亡而俱

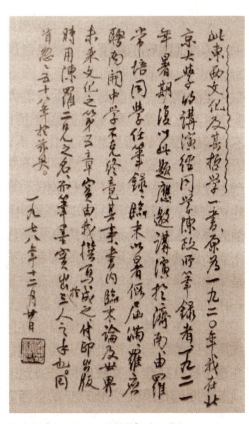

梁漱溟《东西文化及其哲学》跋语手迹。

---

[1] 李石岑：《评〈东西文化及其哲学〉》，《民铎》第3卷第3号，1922年。
[2] 孙道升：《现代中国哲学界之解剖》，《国闻周报》第12卷第45期，1935年。

亡，已三百年于兹。因梁先生之生命而重新活动了。"[1]冯友兰也指出："他作了一个《东西文化及其哲学》的讲演，在当时引起了广泛的兴趣，因为无论他的结论是否正确，他所讲的问题是一部分人心中的问题，也可以说是当时一般人心中的问题。"[2]

[1] 牟宗三：《现实中国之宗教趋势》，《生命的学问》，三民书局1972年版，第112页。
[2] 冯友兰：《三松堂自序》，三联书店1989年版，第203页。

四 现代教育的尝试

位于广州市区的梁漱溟雕像。

梁漱溟受其父"学以致用"思想的影响，一生都"喜欢行动而不甘心于空谈"，称自己是"力行者""实践家"，而不是"学问家""思想者"，学术研究不是为了学术，而是为了"致用"。思考与探究是缘于问题，是为了解决问题，以服务于现实之所需。梁漱溟大半生的办学活动与教育实验都是实践性极强的社会事业，与他"新儒学"文化的应用及现实关怀是亦步亦趋的，甚至同属一体。

现代教育思想的萌发

在《东西文化及其哲学》的结束部分，梁漱溟注意到了教育对于社会改造的重要性，试图恢复中国传统教育的某些部分作为实现文化复兴、解决中国社会问题的手段，认为要像宋明时期的人那样讲求学风，还要以孔颜的人生来指导现在青年的人生问题，让他们从烦闷中解脱出来。他所推崇的"孔颜乐处"，体现了注重精神心理、道德涵养的内涵，强调人生价值以及社会责任心的发挥，并将这些传统资源挖掘、建构起来，作为理想教育的组成部分。同时，推广孔子"有教无类"的办学方针，以期通过讲学弘道形成乡规民约，借以提升乡村道德风化。此外，又主张打破学校界限，教育不限于学校空间，要走向社会，延伸及民众，转移到乡村，学制及组织方法需灵活多样，反对格式化的呆板教条，以融纳新教学内容与思想方法。他认为只有唤醒了青年的人生态度，中国才能进步，才能得以复兴，并且认定这是独一无二的道路。

只有昭苏了中国人的人生态度，才能把生机剥尽死气沉沉的中国人复活过来，从里面发出动作，才是真动。中国不复活则已，中国而复活，只能于此得之，这是唯一无二的路。有人以清代学术比作中国的文艺复兴，其实文艺复兴的真意义在其人生态度的复兴，清学有什么中国人生态度复兴的可说？有人以五四而来的新文化运动为中国的文艺复兴，其实这新运动只是西洋化在中国的兴起，怎能算是中国的文艺复兴？若真中国的文艺复兴，应当是中国自己人生态度的复兴，那只有如我现在所说可以当得起。[1]

现在只有踏实的奠定一种人生，才可以真吸收融取了科学和德谟克拉西（源于希腊字，意为人民、民主。编者注）两精神下的种种学术种种思潮而有个结果，否则我敢说新文化是没有结果的。至于我心目中所谓讲学，自也有好多与从前不同处，最好不要成为少数人的高深学业，应当多致力于普及而不力求提高。我们可以把孔子的路放得极宽泛、极通常，简直去容纳不合孔子之点都不要紧。孔子有一句"极高明而道中庸"的话，我想拿来替我自己解释。我们只去领导大家走一种相当的态度而已。虽然遇到天分高的人不是浅薄东西所应付得了，然可以"极高明"而不可以"道高明"。我是先自己有一套思想再来看孔家诸经的。看了孔

---

[1] 梁漱溟：《东西文化及其哲学》，中国文化书院学术委员会编：《梁漱溟全集》第一卷，山东人民出版社2005年版，第539页。

经，先有自己意见再来看宋明人书的。始终拿自己思想作主。由我看去，泰州王氏一路都可注意；黄黎洲所谓"其人多能赤手以搏龙蛇"，而东崖之门有许多樵夫、陶匠、田夫，似亦能化及平民者。[1]

我在本书结论里认定我们现在应当再创宋明讲学之风，我想就从我来试作。我不过初有志于学，不敢说什么讲学，但我想或者这样得些朋友于人于己都很有益的。又我想最好是让社会上人人都有求学的机会，不要单限于什么学校什么年级的学生，像这两年来就有好许多人常来通信或过访于我，我虽信无不答，访无不见，但总不如明白开放得接纳所有不耻下问的朋友而相与共学。[2]

"孔颜乐处"为宋明理学家用语，源于论语。《论语·雍也》："子曰：'贤哉回也！一箪食，一瓢饮，在陋巷，人不堪其忧，回也不改其乐，贤哉，回也。'"《论语·述而》："子曰：'饭疏食饮水，曲肱而枕之，乐亦在其中矣。'"意谓孔子、颜回以求道为乐，不以生活清贫为苦。《二程遗书》卷二：宋周敦颐收程颢、程颐兄弟为弟子，"每会寻颜子、仲尼乐处，所乐何事"。遂成为理学的重要命题。《二程遗书》卷十二：程颐教育弟子说："箪瓢陋巷非可乐，盖自有其乐耳。'其'字当玩味，自有深意。""其"即指"道"，对富贵利禄持一种恬淡态度，力求个人道德之完善。处则为"真儒"，出则为"纯臣"。朱熹在《答刘仲升》中认为欲得到这种乐必须通过"博文""约礼"的穷理工夫，从"著实处"求"乐"，"平日许多工夫到此成就。见处通透无隔碍，行处纯熟无龃龉，便自然快活"。[3]他在《孟子集注·尽心下》中又说："力行其善，至于充满而积实，

[1] 梁漱溟：《东西文化及其哲学》，中国文化书院学术委员会编：《梁漱溟全集》第一卷，山东人民出版社2005年版，第539～540页。
[2] 梁漱溟：《东西文化及其哲学》，中国文化书院学术委员会编：《梁漱溟全集》第一卷，山东人民出版社2005年版，第546页。
[3] 朱熹：《晦庵集·答刘仲升》。

则美在其中而无待于外矣。"

梁漱溟书中的"孔颜人生"主张主要是将古代人文教育、现代乡村以农民为主体的民众教育与以科学、民主为核心的西方思想三方面进行汇通,以此来构建自己早期现代教育观的雏形。

《东西文化及其哲学》的演讲和出版,使得梁漱溟名声大振,一时间成为北大的名师和东西文化论战中的代表人物。而通过此书,梁漱溟也开始为中国设计出路,并将期望寄托到了农村、农业和农民身上。

梁漱溟对教育有了新的设想,他认为办学应是亲师取友,学校的管理者与教师应有共同的抱负与理想。教师的教学不仅讲习知识技能,也需顾及学生的全部人生道路。

我办学的动机是在自己求友,又与青年为友。所谓自己求友,即一学校之校长和教职员应当是一班同志向、同气类的,彼此互相取益的私交近友,而不应当是一种官样职务关系,硬凑在一起。所谓与青年为友,含有两层意思,一是帮着他走路,二是此所云走路不单是指知识技能,而是指学生的整个的人生道路。而当时的学校教育,至多是讲习一些知识技能而已,并没有顾及到学生的全部人生道路。[1]

梁漱溟认为,青年学生大体可分为两类:一类平庸不自强,读书只是为了混一张文凭,以便毕业后能谋个美差赚钱挥霍;另一类是自尊自强的,而又常常因人生问题、社会环境感到烦闷痛苦不能自拔。对这两种人的教育,师长的教育意义便格外突出,须采取相应策略,为此就应走教育的改革实验之路。

---

[1] 汪东林:《梁漱溟问答录》,湖南人民出版社2013年版,第47页。

我想新的教育，则应与他们为友，堕落的能引导他奋勉，烦闷的能指点他得到安慰、勉励，以至于意气奋发。因此需要新式的私交近友般的校长教职员团体，不断扩大范围。进来一个学生即是这一团体中又添得一个新朋友。我自己走路、同时又引着新进的朋友走路；一个学校亦即是一伙人彼此亲近扶持着走路的团体。故而我们办学实是有感于亲师取友的必要，而想聚拢一班朋友同处共学，不独造就学生，还要自己造就自己。为了实践我这些对教育问题的新认识，新设想，我决定离开北京大学，自己试办学校。[1]

这些以循循善诱、因材施教、教学相长、启发诱导及德知交织为特色的人文主义教育观在梁漱溟的教育思想中有着深刻的体现，其中"陆王心学"静处体悟、发明本心及佛教静坐忘斋、戒定慧的工夫，也被移植于现代教育的内容及组织方式之中。

值得一提的是，在梁漱溟任职北大期间，恰好杜威来华讲演，宣扬其实用主义教育，梁漱溟接受了杜威的现代教育理论，如儿童的本能与生长、学校与社会以及儿童与教学等论点，而舍弃了其工具主义与实验主义的思想方法，强调人心与人生的教育、个体生命教育与社会教育。

基于对北大教育方针的不满和对它总体办学上的失望，梁漱溟内心感到异常苦闷。而此时，其在北大的学生陈亚三、王醒吾介绍他认识了山东宦绅王鸿一。王氏曾为前清秀才，后留学日本，加入过孙中山创建的同盟会，从事革命活动。回国后曾先后担任菏泽县小学校校长、曹州府师范学校校长、山东省立第六中学校长和山东省议会副会长。据称，王氏"广有韬略，视野远大"，以建设中国为己任，故到处寻求建国方略。正是由于有了这一共同的理想，两人见面后，均大有相见恨晚之感。经过几次交谈，王鸿一慨言梁漱溟学说"实获我

---

[1] 汪东林:《梁漱溟问答录》，湖南人民出版社2013年版，第47～48页。

王鸿一。

心"，遂建议山东省教育厅厅长邀请其到济南演讲。1921年暑假，梁漱溟应邀赴济南作"东西文化及其哲学"的演讲。此次的演讲对王鸿一的触动很大。梁漱溟依稀记得他在济南教育会演讲一个月，他便听了一个月，没有一天的间断，像是积疑夙惑，一旦消却，就表现出十分快活的样子。正是在此期间，梁漱溟萌发了亲自办学的想法，并与王鸿一商议筹办"曲阜大学"之事。因此，在1924年暑假，为实践教育改革的蓝图，梁漱溟毅然辞去北大教职，走出书斋，投入社会，同陈亚三、黄艮庸、王平叔、张俶知、徐名鸿去了山东，从事办学、讲学活动，走向了另一片不同的教育世界，开始寻觅自己的乡村教育梦。

王鸿一写给梁漱溟的信。

曲阜大学的设想与曹州中学改革

梁漱溟去山东，按照与王鸿一等友人的约定，是要在山东曲阜创办一所大学，以此为当时的中国教育寻找一条道路。王鸿一等人之所以要在山东创办一所大学，是因为自身有着浓重的乡土情怀，也抱有办一所发扬东方文化的大学之意。此外，当时山东的学生要想继续接受高等教育，只能辛苦地南北奔劳。所以他们很想自己办大学，为当地中学生提供升学之地。

曲阜作为孔子的故乡，是儒学的发源地，因此，对于曲阜大学的设想，其旨趣在"取东方的——尤其是中国的学术暨文化之各方面作一番研讨昭宣的工夫，使它与现代的学术思想能接头，发生一些应有的影响和关系"。梁漱溟、王鸿一虽然在某些方面表现出了较大分歧，但两人的交情和那份想办好曲阜大学的责任与信心，超越了认识上的差异。梁漱溟不是一个空谈家，当认定或规划好了目标之后，便为其不懈努力。在不太长的时间内，就先后募得公私捐款和资助数万元，并在曲阜东南二里择定校址，原因是"北地干燥，向少水田，唯此处有泉水涌出，竟多种稻；今所择地址即在稻田之北，将来建筑可引泉水入校也"。[1]

梁漱溟的主观愿望"未尝不想办一研究整理东方学术和其他文物制度的大学，使湮没绝不为世界所晓的东方文化稍见于世"。[2]但当时办大学仍然

---

[1] 梁漱溟：《办学意见述略》，中国文化书院学术委员会编：《梁漱溟全集》第四卷，山东人民出版社2005年版，第783页。

[2] 梁漱溟：《曲阜大学发起和进行的情形并我所怀意见之述略》，中国文化书院学术委员会编：《梁漱溟全集》第四卷，山东人民出版社2005年版，第729页。

面临着三个重大问题。第一是人才的缺乏，"若空虚敷衍，胡乱对付，则不如不办"。第二，自己资历尚浅，担心在办学的过程中荒废研究，倘若交给他人去办学，又怕走偏方向。第三，办学过程难免会和他人发生分歧，本来共怀办学理想却最后分道扬镳，彼此决裂。

由于一所理想的大学需要长时间经验的积累与积淀，需要一个循序渐进的过程，并非一日就能完成，因此，最佳的方案是先不要设大学，而先建一个学会，等到将来时机成熟再办大学。一个学会的产生，需要集合一些有志趣、天资及学识基础的才俊之人，凡是他们在研究中所需要用到的东西，如图书、仪器等，都要尽最大能力予以提供。除此之外，为了让他们能够在生活上有所保障，不为家庭的生计发愁，还要适当地给他们些工资。

随后，梁漱溟将办学会的想法告诉了王鸿一和靳云鹏。他说："大学本预科均三年以后再办，此时先成立中学部，而组织一学会。如我所说者，即以学会诸人，为中学教员，分任一点功课，钟点要极少，教员不妨多，盖以学会为主故也，他们都赞成我的意思，于是我的态度乃决定，而后曲阜大学乃造端于我们三人的发起之上。"[1]

然而，事与愿违。办学会的事情由于社会的动乱和个人的因素，最终搁置了。梁漱溟与友人商讨，决定先将精力集中于曹州中学（今名菏泽第一中学，位于菏泽市古城中心）的改革，为曲阜大学的创办做好准备。

梁漱溟对曹州中学的实践设计主要体现在《办学意见述略》中，至于办学的动机，此时也由在北大的为学术而教育转变为为青年而教育。

---

[1] 梁漱溟：《曲阜大学发起和进行的情形并我所怀意见之述略》，中国文化书院学术委员会编：《梁漱溟全集》第四卷，山东人民出版社2005年版，第731页。

1921年，山东学界欢迎梁漱溟等人时合影留念。后排左七为梁漱溟。

    我们办学的真动机，不是什么想研究东方文化——这是我们将来办大学的旨趣。我们的真动机是在自己求友，又与青年为友。兹先说明与青年为友一义。盖从我们对于教育的观念而言，所谓办教育就应当是与青年为友之意。所谓与青年为友一句话含有两层意思：一、是帮助他走路；二、此所云走路不单是指知识技能往前走，而实指一个人的全生活……要办教育，便需与学生成为极亲近的朋友而后始能对他有一种了解，始能对他有一些指导。我们办学的真动机，就是因为太没有人给青年帮忙，听着他无路走，而空讲些干燥知识以为教育，看着这种情形心里实在太痛苦，所以自己出来试做。[1]

---

[1] 梁漱溟：《办学意见述略》，中国文化书院学术委员会编：《梁漱溟全集》第四卷，山东人民出版社2005年版，第783页。

从梁漱溟的这番话中不难发现他对现实教育的失望和不满。他认为学校讲求训育和体育对于青年"走路"全不中用，办学教授的不能仅仅是知识，倘若想要帮助学生走好路，正确引导他们的人生和未来，就要真正了解每个学生，包括他们的体格、资质、性情、脾气、习惯、家庭环境，甚至是当下的需要。只讲知识是不够的，要与他们为友，堕落的要能引导他不堕落而奋勉，烦闷的要能指点他而得安慰有兴致，总而言之，都要他们各自开出一条路子来走。也就是说对于办学不仅仅是教授知识，还要注重每个学生的生活，引导他们走正确的路。

　　梁漱溟办学的愿景实际上就是要彻底扭转在他看来是"全不中用"的现行教育的做法，"从这里替教育界打出一条路来"。这样的学校"一则没有宗教臭味，二则不是存古学堂，而且并不愿悬空地谈什么中国哲学、印度哲学"，它

1922年梁漱溟在山东曹州讲学时留影。

是"一伙人彼此扶持走路的团体"。[1]在办学中不独造就学生,还要造就自己。

对于如何实现这样的办学理想,梁漱溟从招生考试、教学以及日常生活方面进行了一系列标新立异的改革,处处显示出他的匠心独具。

(1)招考测评方法的转变。曹州中学突破了传统考试以笔试定终生的做法,主张以面试为主,笔试辅之,笔试的内容比较简单,主要是外语及常识,从而有效地避免了因一次笔试失误而造成的终生遗憾。笔试过后,通过第一次考试的人进行逐个面试,由于梁漱溟非常重视师生之间的关系,因此更看重的是面试,"藉此可以知道他的体格、资质、性情、脾气、态度等等"。这两种考试相比,后者更为重要,因为一个人的道德、精神比他的知识和学问更重要。

(2)师生之间良好关系的建立。梁漱溟曾在招考前告知学生和家长:学生既到我们这里来,则他的生活之种种方面——自饮食起居以迄思想情志,自体魄以迄精神——我们都要照顾到,不使他有什么痛苦,——至少也不使他有什么说不出的痛苦。或者更可以对家长们说一句:绝不致学生们有什么生理上的病态和心理上的病态而我们不知道。[2]也就是说,作为老师理应照顾到学生学习和生活的方方面面,不允许他们内心遗存病态的想法;师生之间也不仅仅是教授与被教授的关系和知识的影响与掌握,而是交织着深厚的情感渗透与交流,从而达到师生间犹如朋友般的信任、交融与依赖关系;在知识技能教学的同时,更要促进学生智能的提高及心理健康的发展。

(3)知识的传授与学生日常生活的结合。梁漱溟认为,部分人比其他大多数人享受过于优厚是不对的。所以,对衣食住和其他生活消费都要求简朴、校

---

[1] 梁漱溟:《办学意见述略》,中国文化书院学术委员会编:《梁漱溟全集》第四卷,山东人民出版社2005年版,第782页。

[2] 梁漱溟:《办学意见述略》,中国文化书院学术委员会编:《梁漱溟全集》第四卷,山东人民出版社1991年版,第788页。

役用得少，一切零碎事都自己做。如果是富厚人家的子弟，就得改变习惯，学着勤劳一点，俭朴一点。应该说，让在校生每天做一些诸如打扫卫生、烧开水之类的劳动，以养成他们的劳动习惯，让富家子弟也能改掉好逸恶劳的风气，以避免学生成为"肩不能挑，手不能提"的"精神贵族"[1]，这对学生人格的塑造，养成艰苦、朴素、勤劳的生活作风，极具教育意义。

（4）收费办法的改革。曹州中学一改学校惯用的征收学生全额学费、膳宿费的成例，改由学生自愿缴纳学费、膳宿等费用，"纳费或多或少，一视学生家境如何而自己乐输"，这也就是"量力乐输"的收费原则。学校对于学生的求学费用不作统一规定，学校也不是根据缴费的多少来区别教学和生活，"都是一律的"。这也承袭了儒家"有教无类"的思想，让贫富贵贱不等的学生都有机会入学。虽然其设想及努力的效果有限，因为当时民不聊生的状况是触目惊心的，许多家庭解决温饱都有困难，更别说接受教育了，但梁漱溟这份对待教育、学生乃至社会改造的真诚令人钦佩。

梁漱溟在山东主持曹州中学高中部的同时，又拟在曹州重建重华书院。该院旨趣在"集合同志，各自认定较为专门之一项学问，或一现实问题，分途研究，立国前途有所规划；同时并指导学生研究，期以造就专门人才"，目的在于为曹州中学和预设中的曲阜大学作师资方面的准备。

重华书院设置哲学门、文学艺术门和社会科学门三个专业领域。其中哲学门偏重研究中国哲学暨印度哲学；文学艺术门偏重中国文学及音乐书画雕刻等；社会科学门包括政治、法律、经济、社会问题、教育、历史、地理等，突出在中国现实问题，如中国政治制度和教育制度等。书院吸纳海内英贤，"同处共学，勉兹远业"。院外学生的入学资格有两类：其一是有大学专门高等师范毕

---

[1] 梁漱溟：《办学意见述略》，中国文化书院学术委员会编：《梁漱溟全集》第四卷，山东人民出版社2005年版，第788页。

为实践自己的教育理念，1924年暑假，梁漱溟从北大辞职，应山东省议会议长王鸿一邀请赴山东筹办曲阜大学，首先接掌曹州中学，创办重华书院。图为当时随梁漱溟到山东办学诸人合影。

业或修业满一年以上或是高级中学毕业者，这类学生需要在该院修学三年以上，达到培养计划的要求，发给毕业证书，入学时间是每年的8月30日；其二是没有一定的条件限制，要进行某一专门领域的学习，这类学生可以随时学习，没有固定的时间。在学习方法上，以学生自学为主，"学生为学，务主自求；有疑则质之师友，当为指点剖析"。书院还举行全院会讲和各组会讲，全院会讲在星期日举行，"意取兴发振导，或学科不同者得互有资益而已，不为专门深入之言"。[1] 各组会讲是以同一学科或同一问题为中心，组织小组进行报告和讨论。

无论是对曲阜大学的规划，还是对曹州中学的改革和拟办重华书院，梁漱溟的设想都是希望改变那种简单盲目照搬西洋教育模式的做法，而复苏以亲师取友、孔颜乐处、有教无类、教学相长、量力而行、循循善诱等为真谛的儒家人文主义教育模式。但这并不意味着中国传统教育的简单复归，而是在吸取了

---

[1] 梁漱溟：《重华书院简章》，中国文化书院学术委员会编：《梁漱溟全集》第四卷，山东人民出版社2005年版，第791～792页。

西洋教育优点的基础上来发展的。换言之，梁漱溟并不排斥西洋注重科技知识及能力发展的教育，这在《办学意见述略》中可见一斑，如他说："将来办大学想最先成立生物学系和数理学系，为是要对于现代学术作彻底研究，再及其他。"但是现在的问题倒不在于梁漱溟如何取舍中西教育，而是在中国传统教育被西洋教育冲击得七零八落的实际情形下，他的这套多少带有点"乌托邦"意味的办学设想确实有些缺少现实教育的可操作性。关于这一点，连他自己也没有十足的信心，只能略显无奈却满怀希冀地说："这样办法，究竟办好办不好不敢知，不过我们决意要试着作，想从这里替教育界打出一条路来。"[1]

理想是美好的，但残酷的现实往往与它有道无法逾越的鸿沟，并不能按照理想的规划按部就班进行，只有内心对于教育事业的热忱与执着是不够的，从教育理论分析，影响办学的因素太复杂，不仅是教育自身，还有教育与社会的诸种关系，均难以调控，无论是历史还是现实，概莫能外。故而，梁漱溟复古倾向的教育理想与实际状况之间存在脱节。对此，梁漱溟有着清楚的认识：

旅曹半年，略知办学甘苦，归结所得弥以非决然舍去学校形式无从揭出自家宗旨。学校制度以传习知识为本，无论招学生聘教员所以示人者如此。而人之投考也应征也所以应之者何莫非如此。而溟宗旨所存则以在人生路上相提携为师友结合之本……此师友所以为人一生所独贵，而亦即教育意义之所寄也。虽学校制度难于改措，溟初不谓其即兹当废，抑且溟今后亦未见能不与学校为缘，然溟今后所欲独任之教育事业则绝不容以自家宗旨搀杂现行学校制度之内，如往昔在曹州之所为也。[2]

---

[1] 梁漱溟：《办学意见述略》，中国文化书院学术委员会编：《梁漱溟全集》第四卷，山东人民出版社2005年版，第789页。

[2] 梁漱溟：《致〈北京大学日刊〉函》，中国文化书院学术委员会编：《梁漱溟全集》第四卷，山东人民出版社2005年版，第806～807页。

梁漱溟注重生命、精神、人格及心理健全的和谐发展教育理念，在当时确有曲高和寡之嫌，势必会受到现实功利价值取向、实用知识技能教学以及学生升学、谋职急需的应试教育模式排挤。其次是教育经费缺乏的困难。虽然梁漱溟在由大学改办中学的调整中似乎注意到了这一点，但仍带有书生入世、儒学人文主义者的浪漫情怀，对办学中的经济物力与秩序、质量之间的关系缺乏深刻认识。例如在曹州中学的办学经费上，他主张一视学生家境如何量力而输的思想，换句话说就是依据学生的家庭经济状况，若宽裕就多交些学费，不富裕就少交一些，甚至没有钱就不用交了。他的学生回忆说：

听曹香谷老师说，在这个时候，梁先生因为经验不足，遭到了困难。原因是梁先生见社会上贫富不均，富者奢侈浪费，贫者无力入学。在1924年秋天六中高中招生简章上说，在学生吃饭时，有钱多出钱，贫穷者少出钱，无钱者不出钱。在讨论这个简章时，有许多老师不同意。梁先生说："我辞了北大教职，到此地任高中部主任，就是为了实现这个理想，若这条章程通不过，我来做什么？"众老师看见梁先生执意行这个办法，遂无异议地通过。在开学第一个月没问题，到第二个月管囊者即有了困难，到第三个月管囊就办不下去了。即是有钱者不多出，够他自己的饭费为止；贫穷者少出钱，不够也差不多；无钱者不出钱，头一个月不出，第二个月还不出，第三个月仍不出，还嫌只有面食，没有大米，生活不习惯。管囊者催他交钱，他拿着招生简章说："你们招生简章不明明说无钱者不出钱么，因为我们无钱才投考这个学校的。我们出不起钱。"催已经交费的人多出钱。他们说："我们仅能供给自己读书，没有力量代人付钱。"已经付钱的贫穷者也变成无钱了。管囊者无钱买面，伙食趋于瘫痪，梁先生不得已辞职走了。[1]

---

[1] 王先进：《回忆吾师梁漱溟先生》，梁培宽编：《梁漱溟先生纪念文集》，中国工人出版社1993年版，第13～14页。

梁漱溟这种过于相信人心单纯善良的心理，使他没能清楚地认识到教育对于经济的依赖性，在很大程度上忽略了办学过程中的经费需求，随后陷入经济赤字的窘境。当然，从更深层次上说则是他早期社会主义思想因素与在旧体制下从事新教育改革实践的矛盾冲突的结果。此外，当时山东军阀内部纷争不断，也自然会对办学造成一定消极影响，此即所谓"乱世则学校不修也"。

梁漱溟在曹州的办学改革最终走到了失败的关口，从1924年暑假到1925年春，仅持续了大半年的时间。他怀着办学失败的遗憾和理想暂时破灭的苦闷，把曹州中学的事务交由弟子陈亚三主持，自己匆匆回到北京整理其父巨川先生的遗稿，开始编印《桂林梁先生遗书》。山东曹州办学的挫折给梁漱溟心理造成了极大的创伤，他先客居清华园，编印其父遗稿，后又与十多位从山东追随而来的学生在什刹海东煤场胡同租房共住共读，互相敬勉，形成了梁漱溟独特的教学方式——朝会，也就是清早静坐共读，由他即兴讲授心得。梁漱溟记忆中的朝会，有这样一个场景：在什刹海居住期间，特别是冬季，天将明未明时，

什刹海东煤场胡同。民国14年（1925），梁漱溟离开曹州回北京，在什刹海东煤场胡同租房，与学生共住共学，"朝会"自这个时候开始。

《朝话》一书是根据梁漱溟朝会时讲话的笔录编印而成。该书内容涉及治学、修养及人生、社会、文化各方面的问题，切近现实，语言平实畅达、亲切隽永，深入浅出，发人深省。

大家起床后在月台上团坐。其时疏星残月，悠悬空际；山河大地，一片寂静；唯间闻更鸡喔喔作啼。此情此景，特别使人感觉心地清明，精神振奋，仿佛世人都在睡梦中，唯我独清醒，更感到自身于世人于社会责任之重大。此时亦不一定讲话，即讲话亦不在多，主要是反省自己，利用这生命中最可宝贵的一刹那，抑扬朝气，锻炼心志。朝会这一形式开始于此，而后在河南、山东，坚持了多年。梁漱溟将每次朝会所讲的话出版《朝话》一书，这本书言简意赅、幽默风趣，内容涉及大到国家、社会、民族，小到人生志向、道德、求学等相关内容，充分体现了梁漱溟特立独行的人生态度，深刻阐释了新儒家渴望实践人生理想、革新教育、改造社会的蓬勃朝气及昂扬斗志。

　　梁漱溟在北京举办朝会，在提高人生修养的同时也在认真思索着中国未来的教育出路，一方面觉得中国应该学习先进的西方文明，另一方面却又认为西洋文明不适合中国国情，他因为无法解决这个矛盾而苦恼。然而北伐战争的结局，反倒让梁漱溟茅塞顿开，坚定了振兴中国要走乡村教育的信念，认为这是唯一的救国之路。抱着这一理想，他南下广东，继续播撒教育的种子，在岭南热土上继续为教育开辟道路。

广东乡治讲习所的筹办

早在1925年初梁漱溟从山东回到北京时，他的老朋友，时任广东革命军要职的李济深就邀请他南下参加革命工作。但由于当时山东曹州办学失败的郁闷和要整理刻印其父的遗稿，再加上梁漱溟打心底对于国民党的怀疑之心，他并

北京大学时期，梁漱溟与其学生合影留念。左一叶麟，左二朱谦之，左三梁漱溟，左四黄艮庸。

未贸然接受南下的邀请。1926年初，梁漱溟委派他的朋友王平叔、黄艮庸、徐名鸿三人南下广东亲历感受，并及时将所到之处的观察与体会向他作书面报告，试图通过他们的考察再探探广东的局势是否适合办教育。

1927年4月28日，李大钊被奉系军阀张作霖杀害。梁漱溟闻讯即从西郊赶入城内，先到西城二龙坑朝阳里宅抚慰李大钊家属，旋奔赴下斜街长椿寺瞻仰李大钊遗容，并为之操持装殓之事。5月，就在王平叔、黄艮庸、徐名鸿三人向梁漱溟汇报广东之行的所见所感时，北洋军阀张作霖继续在北京大肆捕杀共产党人和进步知识分子。

面对如此危险的境遇，为了躲避白色恐怖，再加上李济深等人的再次诚恳邀请，梁漱溟经过深思熟虑，决定南下。1927年5月，他偕王平叔、黄艮庸两人南游，先在上海会陈真如，陈先生特意陪同他们到杭州西湖南高峰小住数日，

1927年梁漱溟（左四）应李济深等之邀南下广州，途经杭州时与马一浮（左二）、熊十力（左三）等会面，留影于灵隐寺。

熊十力。当时的北大哲学系开设了专门研究和讲授儒家哲学的科系。被称为新唯识学创立者的熊十力曾在那里任教。

梁漱溟雕像。

为的是好谈话，同游的还有熊十力、严立三、张难先诸先生。同年夏秋，结束在沪短暂停留，随即带着王平叔、黄艮庸等人赴广东会见李济深，希望在广东这片岭南热土——充满着蓬勃生机的国民革命根据地实现自己的教育与乡治理想。

所谓乡治，包括后来梁漱溟所实行的"村治""乡村建设"，都是梁漱溟教育思想的组成部分，即讲学、搞学问要与做社会活动合而为一。这不仅仅是单纯在课堂上讲哲学，在书斋里做研究，而是有言又有行，与社会改造融为一体，打成一片。而所谓地方自治，必须从政治、经济、文化诸方面把地方社会搞成一个自治体才能得以实现。而要搞成地方自治体，则又应当从乡村着手。简言之，"乡治"就是从乡村自治入手，改造旧中国，建立一个新的中国。[1]

对于在中国实行"乡治"，梁漱溟对此的想法和态度并非一时而萌生，而是在将中国社会的实际情况作为大背景来进行对比和思量后，经过深思熟虑的结果。

梁漱溟早年极为向往西方社会的政治制度，尤其是英国式的君主立宪制，以为只要能将这种制度移植到中国来，便可以顺利地实现中

---

[1] 汪东林：《梁漱溟问答录》，湖南人民出版社1988年版，第50页。

国的社会政治改造。但从清末到民国几十年间所经历的一次次制宪运动都以
失败告终。于是,他开始将注意力转移到与西方政治制度相适应的政治习惯
的培养上来,而与西方政治制度相适应的习惯实际上就是团体生活习惯。国
家即是一个团体,要养成团体生活习惯必须从小范围入手,从近处、从小处
做起。早在1923年春,梁漱溟便提出了以农立国的主张,要从乡村小范围的
地方团体自治入手。但由于当时仍相信西方的政治道路是中国的必由之路,
加之四周所见的农业国皆为被侵略的对象,因此,对农业立国并没有十足的
把握。然而,随着时间的推移,他渐渐认识到,西方的政治制度根本不能移
到中国来,更不能在中国生根,中国人必须在西方式政治制度以外寻觅其解
决政治问题的途径。但是,这并不足以使其确认只有乡治才是中国民族自救
的唯一途径。在确认乡治为民族自救的真正途径这一问题上,显然是受到了
共产党领导的农民运动的启发。北伐时期,中国共产党领导的农民运动在以
珠江和长江流域为中心的南方广袤地区得到迅猛
的发展,并充分显示出了其巨大的力量,农民运动
所带来的巨大能量深深震撼了社会各个阶层。此
后不久,梁漱溟便毫无疑问地认为乡治才是中国
民族自救的唯一途经,只有通过乡治才能让这个
自古以来的农业大国完成社会的蜕变和洗礼。

　　只有想法而不付诸行动是不会有实效的。仿
佛是命运的安排,让梁漱溟在有了"乡治"的设想
后就去到了广州。他到达广州后的首要事情,就是
与时任国民革命军司令部留守主任、国民党广州
政治分会主席、广东省政府主席,也是梁漱溟好友
的李济深进行了交谈。然而,这次谈话并不是很愉
快,但梁漱溟很知趣,也并未谈及自己的"乡治"计

李济深,字任潮,广西苍
梧人。曾担任国民政府军事委
员会桂林办公厅主任。1944年
1月23日,梁漱溟与其第二位
夫人的婚礼,李济深担任宴会
主持。

划。随后他来到距离广州50里水路的乡间细墟，也是学生黄艮庸的老家去歇暑了，同时也观察局势的发展变化。在此期间，李济深未经他同意，就电请南京国民政府，任命梁漱溟为广东省政府委员，但意想不到的是，这个任命被淡漠政治、颇有超凡脱俗格调的梁漱溟婉拒。到了1927年底，国内的政治局面因国共两党的冲突而发生较大变化，李济深与蒋介石的分歧越来越大，于是李济深想到了这个能帮助自己的人，随即，又请梁漱溟去广州谈话。梁漱溟为李济深分析形势，认为中国在不久的将来将出现分裂的局面，无论是"党"和"法"皆改变不了这种分裂的局面，所以，希望李济深"能替中国民族在政治上、在经济上，开出一条路来走，方为最上。如何来替民族开这条路出来? 则我之所谓乡治是已"[1]。李济深接受了他的意见，并同意梁漱溟在广东试验他的"乡治"计划。

梁漱溟主张乡治有三个原因：一是他认为中国社会本是一农业社会，80%以上的人口是农民，只有乡村有办法，中国才有办法；二是他认为中国传统的儒家文化仍然大有价值，有复兴儒学之志，而城市当时受西方影响太深，唯有乡村较适合重振儒家文化；三是他认为西方的民主政治在中国行不通，想通过乡治为中华民族另谋一条出路。这些都是梁漱溟在京所悟心得，只是南下后才有机会宣讲出来，并想付诸实践。应当指出，梁漱溟的乡治，并不仅是指乡村在政治上要实行地方自治，还包括经济、文化、教育等一系列改革与建设。

梁漱溟来粤之前，第一次国内革命战争时期培养农民运动干部的教育机构、从1924年7月至1926年9月共举办了六届的广州农民运动讲习所刚刚结束，炽热的土地仍留下革命浪潮冲刷后的痕迹。唐代诗人崔护《题都城南庄》诗中称："去年今日此门中，人面桃花相映红。人面不知何处去，桃花依旧笑春风。"

---

[1] 马东玉：《梁漱溟传》，东方出版社1993年版，第82页。

此情此景,梁漱溟的广东之行感同身受,也自然会受到农民运动讲习所的某种感染。

1928年4月,梁漱溟在广州建设委员会履职时提出了《请办乡治讲习所建议书》及试办计划大纲,并拟定了详尽的实施计划,报请广州政治分会和国民党中央审批。《建议书》分为:(一)乡治命名之由来;(二)乡治所称之乡其区域大小问题;(三)乡治之行非有合于乡间固有之习惯心理必难成功;(四)乡治之行非解决农村经济问题入手必难为功。[1]其中第一部分是从古语至今关于乡村自治的解释和应用。第二部分是在空间上划分了乡治的区域范围。第三部分是说只有符合乡间的生活习惯和共同或相似的心理状态及想法,实行乡治才能成功。梁漱溟认为,原来乡村所颁布的自治法令,老百姓与之不闻,闭门生活,因此乡间的事情就被少数土豪劣绅所掌控。他这次所要实行的乡治,是要在迎合人们固有的这种习惯心理的基础上,调动人们的积极性,培养和塑造他们良好的新习惯。比如来到乡治讲习所的学生,要让他们养成尊师敬长之风,要学会团结协作,谦谨有礼,以此来影响其他人,使其他人受到启迪,有利于塑造良好的新习惯。第四部分是说只有从根本上解决农村的经济问题,实行乡治才可大有作为。当时的社会兵荒马乱,农业衰残,乡村凋落,人们过着贫苦不堪的生活,一个连自己的肚子都喂不饱的民族,又何谈教育呢?所以梁漱溟建议可以效仿欧洲或日本各处在城市复兴后,所采用的救济农村的方法,比如消费合作、贩卖合作、信用合作以及丹麦所行之土地合并经营等方法,这些都比较适宜"乡治"的发展。

但为何说是政学合一的乡治讲习所呢?《国闻周报》的编辑是这样评述的:

---

[1] 梁漱溟:《请办乡治讲习所建议书》,中国文化书院学术委员会编:《梁漱溟全集》第四卷,山东人民出版社2005年版,第834~836页。

乡治为适应潮流切合需要之时代产物，举凡伦常重心之民族问题，教养精神之政治问题，均平原则之民生问题，均非建设乡治皆无从得其完满之解决。现除直隶翟城村之自治，山西省之村治，皆开村本政治之先声，他如江苏之村制（治）育才馆，湖南村制（治）训练所，广东之乡治讲习所，河南之农村训练班，河北之村政研究委员会，以及其他各省村治之计划或实施，均已次第表现。将来村治一项必可通行全国无疑。唯此项根本事业，非仅制度之建设，实有赖于学术的训练。梁君请开乡治讲习所意见书，于民性国情、社会心理、政治习惯，均有详密之考察。梁君现为广东建设委员会主席，欲以讲学从政合而为一者。[1]

也就是说，梁漱溟的责任不仅仅在于办学，身为广东建设委员会主席，毫无疑问，这个头衔让他身上同样也肩负着改造社会政治的重任。这里的"政学合一"不仅表现了梁漱溟对于乡村建设的理想，实际上也深刻揭示了他全部教育活动与教育思想的主旨。孙中山曾提出，要把国家的政治大权分为政权和治权，要始终把地方自治作为中华民国得以完全成立的基本条件。而梁漱溟政学合一的思想也是这样一个思路。在他看来，如果新的政治制度能够良好运转，人民也能养成良好的新政治习惯，这种习惯的养成，最好的方法就是进行组织和训练。因此，梁漱溟积极恳请开办乡治讲习所，为将来真正实行地方自治储备大量人才，这种可贵的思想，显示出他的认识的前瞻性。然而遗憾的是，由于国民党各机构的相互推诿，梁漱溟开办广东乡治讲习所的建议并没有获得真正实行。

《请办乡治讲习所建议书》是梁漱溟第一次对他的乡治主张的公开表述，虽然其论述并不完备，但他在文中提出了实施乡治可能遇到的问题，表明

---

[1] 梁漱溟：《请办乡治讲习所建议书》，中国文化书院学术委员会编：《梁漱溟全集》第四卷，山东人民出版社2005年版，第831页。

他的乡治主张基本成熟，这个建议书对其后来的乡村建设方案也有着极其重要的影响。

1928年五六月间，梁漱溟在广东地方警卫队编练委员会为各职员作过关于乡治问题连续十次的系列演讲，史称"乡治十讲"，着重讲了乡治的意义和办法。在这里，他首次明确地提出并阐述了自己的乡治理论，主张从乡村自治入手，改造旧中国，建立一个新中国。简而言之，就是"以农立国"。

他在山东曹州办学时招收的学生李渊庭回忆说：

1928年，梁老师在广东曾提出开办"乡治讲习所"建议，因审量时机似仍未到，决定先到国内各地考察乡村运动。梁老师认为，挽救中国的道路，必须从我国是农业国的国情出发，从乡村入手，以教育为手段，逐步改造中国社会。[1]

梁漱溟"乡治十讲"的讲稿因历经战乱，笔记散失无踪，至20世纪70年代有"惜今无存稿"之叹，1992年秋，幸得郑天挺先生家属提供听讲纪要，并附有简略前言，从中可窥得演讲内容概貌，对了解其乡治、乡建思想很有参考价值。

由此可见，乡治讲习所虽没有实现，但其设想通过政学合一的教育和学术来触动政治，过来又由政治的途径贯彻、实行学术研究，推动教育发展，从而推动中国乡村的复兴与发展，进而推动中国现代化的进程，却不失为一种教育救国论方案。与科学救国相呼应，梁漱溟的构思兼具上位层面的高雅与致用相统一的特征。

---

[1] 李渊庭：《沉痛悼念梁漱溟老师》，梁培宽编：《梁漱溟先生纪念文集》，中国工人出版社1993年版，第2页。

广东省立第一中学的改造

　　广东省立第一中学有着悠久的历史，其前身是广雅书院，清光绪十四年（1888）由两广总督张之洞创办，校址在广州城彩虹桥外，以规模宏大、经费充实、设备齐全、师资优良著称；以培养通经博古及通晓事务人才为目标，既重学识进步，亦重品德陶冶。首任院长梁鼎芬，设提调，处理全院行政事务，置监院两名，管理学生生活与行检。定生额两百名，广东、广西两省各半，所定有关学生之甄选、管理、考核等制度甚严，每三年甄别一次，不长进者除名，定每月

　　广雅书院藏书楼（冠冕楼），所藏之书以经史诸学为多。广雅书院为广东省立第一中学的前身，1928年，梁漱溟曾出任广东省立第一中学校长，并对学校进行了一系列改造。

两次考试,一为官课,一为斋课,以定学生勤惰优劣。教学注重讲习问学论难,不求沦为科举的附庸,唯求开创新的学生风气。1898年设西学堂,增添学生百人。1902年改称两广大学堂。翌年易名广东高等学堂。1912年改称广东省立第一中学。1928年更名为广东省实验中学。1935年定名广雅中学。[1]

1928年夏天,就在等待官方批准开办乡治讲习所的同时,梁漱溟接受李济深的任命,担任广州政治分会建设委员会主席,兼任广东省立第一中学校长。由于审批程序的繁琐与拖延,加之梁漱溟认为时机仍未成熟,他决定先到全国各地考察乡村教育,于是偕同李济深等人一起去了江苏南京。这次北上考察最有意义、也最让梁漱溟感触颇深的就是参观了陶行知创办的南京晓庄学校,对于晓庄学校改革和发展的一系列做法,梁漱溟都大加认同和赞赏,因与自己思考的问题不谋而合,受到很大启发。因此,他回广东后,积极借鉴了晓庄学校的一系列做法。

从南京考察回来,梁漱溟在一中所做的两次讲演:《抱歉 — 苦痛 — 一件有兴味的事》和《今后一中改造之方向》,不仅深深影响了一中后来的发展,而且其独特新颖的改革思路也在民国教育思想史乃至中国近现代教育思想史上留下了不可磨灭的一笔。

《抱歉—苦痛—一件有兴味的事》是梁漱溟在一中的教职员工大会上所作的讲演。该文是梁漱溟在继《办学意见略述》以后的又一篇重要教育论文,两篇文章在认识上有许多相通之处,却又有差别,尤其在分析的深度及准确性方面,明显推进了一步。"抱歉""苦痛"和"有兴味的事",本来是毫无关系的三个词,却在梁漱溟的口中诠释出了深刻含义。

为何感到抱歉?其实梁漱溟接任一中校长既有偶然性也有必然性。其偶

---

[1] 教育大辞典编纂委员会编:《教育大辞典》第10卷,上海教育出版社1991年版,第138~139页。

然性是当时原本任命的是梁漱溟的学生黄艮庸为校长，但黄艮庸不愿接受，就推荐让梁漱溟做校长，而他来辅佐梁的工作；其必然性是梁漱溟设想若办乡治讲习所的申请能够批准，一中也可以作为一个实际的基地来训练引导，就不必太担心教育实验场地的问题。梁漱溟自己在这个讲演里说到："我任一中校长，有几个原因：一是试办'乡治讲习所'，极不愿设在广州城里，而一中地方很宽，颇可借用一部分，还可以兼顾一中。所请教师亦可两方通用，很多方便。二是因为友人卫西琴先生答应到广州来办高中师范班，亦以在一中来办较为适宜。我任校长，就可以使卫先生做事便利许多。"[1]此外，梁漱溟一直就从未间断思考关于中学改革的问题，在他看来，如今的中学存在很大弊病，尤其是城市化和贵族化，不符合社会的实际需要。因此，他接受了一中校长的职位，开始按照自己的设想进行改革。

而苦痛是梁漱溟在感受到一中所存在的缺憾之后得来的，这种缺憾并不是一中所特有，而是当下学校制度存在的病痛。一是学校制度"不合于教育的道理"，因为教育本身既要培养人的智力还要塑造人的各种综合能力，但现在的教育却南辕北辙了。"就体育一科说吧，对于人们的体力，不见其长养，却见其戕害，其中许多简直是有碍我们健康的了。至于说到知识方面的教育，可说为现行学校制度最着重的所在；然而我们尤见其窒塞人们的智慧罢了。"[2]总之，梁漱溟感受到当时的学校教育会使聪明的人变得愚钝，会让有能力的人变成没有能力的废物，所以说它不合于教育的道理。而当时的一中依然按照其固有的方式办学，无法实现其根本的改造。从梁漱溟的话语中不难感受到他那份"责之深，痛之切"的对改造教育的使命感。二是学校制度"不合于人生的道理"，因为"现在的学校制度，也同样是犯很大的病痛。我们的社会（不但我

---

[1] 李渊庭、阎炳华著：《梁漱溟先生年谱》，广西师范大学出版社1991年版，第63页。
[2] 梁漱溟：《抱歉—苦痛——件有兴味的事》，中国文化书院学术委员会编：《梁漱溟全集》第四卷，山东人民出版社2005版，第842页。

们的乃至全世界）还没有做到'合理'的地步, 要使它种种变为合理的, 本来很难, 但是在教育的范围内, 却不应当承认这种不合理的存在。即是说, 虽然这些'不合理'或在事实上尚未能改除于一般社会, 而在教育里面则应先不予以承认而竭力减少它在教育里面的存在。因为教育一事, 在社会中唯它是最应当含具理想的, 是最应当趋向着理想走的。"这也就是说, 教育一方面在事实层面上离不开现实社会, 而另一方面在精神层面上要无形中指引或领导现实社会。若少了前者, 教育会成为社会的诟病; 若少了后者, 教育则无法发挥其积极的作用, 也无益于社会。因此二者缺一不可。然而, "我们现在的学校教育, 恰好与此原则相背反。就是在事实上, 它离开了现社会, 不合实际而与实际乖牾; 在精神上, 它又随现社会走, 全无理想, 以领导社会"。[1]

其次, 梁漱溟的苦痛在于学校教育的"商业化"导致教育机会不均等。他认为社会中人因有贫富之不同, 所以在一切消费享受的机会上便不平等; 这其间的不平等, 问题都还小, 唯有一桩问题的确重大, 就是在受教育的机会上不平等。一则不得受教育的人生的悲惨远过于其他的啬遇; 一则不得受教育更断了他以后增进经济地位的机会: 所以这种的不平等是太残酷了。然而现在的学校完全随着社会而商业化了, 学生不缴费, 就不得入学读书, 如同商业交易一般, 绝无人情可讲。本来现社会的"商业化的人生"就不合理, 而用之于教育尤其不当。又以现在社会中生计之艰窘与求学费用之特高, 让我们时常遇到这悲惨遭遇的青年, 时时感着内心的苦痛。[2] 显而易见, 梁漱溟认为学校教育过分商业化, 会让有志于通过读书来改变自己境遇的学生因经济力的贫乏而饱受遗憾和痛苦, 这体现了梁漱溟继承孔子"有教无类"教育理念的同时掺杂早

---

[1] 梁漱溟:《抱歉—苦痛——一件有兴味的事》, 中国文化书院学术委员会编:《梁漱溟全集》第四卷, 山东人民出版社2005年版, 第842～843页。

[2] 梁漱溟:《抱歉—苦痛——一件有兴味的事》, 中国文化书院学术委员会编:《梁漱溟全集》第四卷, 山东人民出版社2005年版, 第844页。

期社会主义平等观，让生来地位悬殊的各阶级在通过教育之后趋向平等的愿景。

最后，他还苦痛于学校教育缺乏情感的渗透。他在一中深刻感受到，学校太过"理性"，过分依赖法律制裁，就像法官一样，所有的事情都要"照章办理"。"譬如一个学生犯了规则，必要惩罚他，重者还要开除他的学籍。须知国家用法律制裁人民，是一种不得已；他一面用法律制裁人，一面还望教育来补法律之不足，救法律之偏失。如果教育里面不讲教育而还讲法律，那很可不用教育了。我以为合理的人生除掉旁人不愿来接近我们外，我们是不应当无情地拒绝人的。我总不愿有开除学生的事，但我们现在都不能免呀！"[1]从他的话语中，可以体味到他希望学校充满真切的情感，有时在教育中盈满感性也不是一件坏事。

从梁漱溟所陈述的抱歉和苦痛中可以嗅到，在话语和情感中多少都带有无奈和遗憾之意，而最后那"一件有兴味的事"——即考察陶行知的晓庄学校办学实验，让梁漱溟感觉到新教育所带来的一线曙光，仿佛在迷失的森林中寻找到出口般的惊喜与快乐。他向学校的老师和同学们详实地介绍了南京晓庄学校的情况，并认为晓庄学校的办学思路有三点符合他的心意：一是合于教育的道理；二是合于人生的道理；三是合于建设乡村的道理，注重农村问题。他说，晓庄学校办成了"改造乡村社会的中心"，把四件要紧事作为育人之标准：一要养成农民的身手；二要养成科学家的头脑；三要养成艺术家的兴味；四要养成社会改革家的精神和热心。用这四项标准培养人，晓庄学校的师生不仅要教好学好，还要自己做校务，自己管伙食，自己种田；还要直接同农民打成

---

[1] 梁漱溟：《抱歉—苦痛——一件有兴味的事》，中国文化书院学术委员会编：《梁漱溟全集》第四卷，山东人民出版社2005年版，第844页。

一片，做改造乡村、改革社会的事。[1]他认为这样的方法培养出来的学生不仅有能力，而且有合理的生活。从梁漱溟对晓庄学校的态度不难看出他对陶行知教育思想的极大赞同。

随后，梁漱溟又给一中作了一次报告，题为《今后一中改造之方向》，在仿照晓庄学校做法的基础上，梁漱溟对此加以改良，对一中进一步提出了具体的改革思路及改革要点。

就总体而言，梁漱溟的改革思路或根本主张就是："要学生拿出他们

发表演说时的陶行知。陶行知是中国伟大的人民教育家。"五四"运动后，他从事平民教育运动，创办晓庄师范。梁漱溟曾两次前往访问，并深受鼓舞。

的心思、耳、目、手、足的力量，来实做他们的生活。不一定是他们个人的，就是团体的，也要由他们自己去管理，去亲身经历。总要用他们自己的心思才力，去求他们所需要的知识学问。"[2]他认为，当时的学生在受教育的过程中十分被动，把学生时代专门当做是一个读书的时代，而不需要做任何其他的事情，只要读好书就是接受了优质的教育。而他希望："要把人养成有本领有能力；如果要使一个人有本领有能力，就非发展他的耳目心思手足不可。"[3]其实梁漱溟对一中的改革思路，简言之，就是要着重培养学生的实际动手操作能

[1] 梁漱溟：《抱歉—苦痛——件有兴味的事》，中国文化书院学术委员会编：《梁漱溟全集》第四卷，山东人民出版社2005年版，第845～846页。

[2] 梁漱溟：《今后一中改造之方向》，中国文化书院学术委员会编：《梁漱溟全集》第四卷，山东人民出版社2005版，第868页。

[3] 梁漱溟：《今后一中改造之方向》，中国文化书院学术委员会编：《梁漱溟全集》第四卷，山东人民出版社2005版，第868页。

力，把心、手、耳、目统一协调运用起来，将来能够更好地适应社会的各种发展变化，提升自己的综合素养与能力。

在此改革思路的基础上，梁漱溟具体提出了一中改革的十大要点：[1]

一是废除或减少校内的杂役。

二是废除或减少校内的职员，把公共的事情交给学生自己去做。

三是废除现在吃零饭和包饭的厨房制度，让学生吃喝自己做，过集体生活。

四是废除学校现在的贸易部、西餐部以及洗衣部。比如，"组织一个消费协社，来代替贸易部。取消洗衣部之后，衣服就由各人来洗；如果还是要给别人洗的话，无论如何，我们总要由自己去监督和管理。我想照这样办，不但能够得合自己的意思点，并且同时还能够练习做事，要得许多的经验呢"。

五是改善学生的地位，改善学生和教职员这种治者和被治者的状况。"在国家里大家一律平等于法律之下；而在学校里面，师长则应负有领导学生的责任。但学生纯出于被治者地位实在妨碍学生很大，不合教育道理；必须先生领导之义、学生自治之义兼有。所以，我希望在先生领导中使学生自己能够造成一种秩序，并且能够维持他们自己所造成的这种秩序……在道德论上说起来，就仿佛是自律的意思，而不是他律。这不过是举一个例；其他全校种种方面，都可以照这样由大家同立规约，共同来守这个规约。就是对于学业的勉励，用功的督促，都能适用。"

六是让师生自己制定行动规则条文，自己自觉遵守，改革教学方法，老师指导，学生自修。梁漱溟认为："现在功课的科目分得很多，上课的钟点也多——一时上堂，一时下堂；一时又上堂，一时又下堂。而每堂总是一面讲一面听，我觉得教师和同学，都会感觉得太苦。尤其是对于学生方面，太使他们居于被动

---

[1] 梁漱溟：《今后一中改造之方向》，中国文化书院学术委员会编：《梁漱溟全集》第四卷，山东人民出版社2005版，第868~873页。

的地位了。我们应该想个办法，使上堂的钟点减少，而把自修的工夫加多加重。我以为有好多的功课，若是由学生自己去看书，一定要比上堂由先生讲课本，比较要方便，也要多得些益处。尤其是高中的功课，大都只要在教师指导之下，由学生自己去找参考书，比较要好些……在学校方面，对于聘请教员，当然也要特别注意，关于那几种相联的课程，至少也请一个学识很丰富的导师。像教育学、心理学和教育心理等等，在课程里，是分做几项的，但是研究起来，都是互相关联，所以学校里一定要聘个对于那几项有关系的课程方面有很丰富的学识的教员，来指导学生自己做研究的工夫。"

七是以班级为单位成立一个小团体共同去解决问题。"教务、庶务以及卫生方面的事，都可以由各小范围自己商量去做。像这样分开小范围，就使许多的事情，在相当程度之下，都要容易做点；若不然，合全校的庶务、教务在一处统理，事情太多，要学生来做，一则时间来不及，二则恐怕也难于胜任吧。这仿佛和政治上的联邦制一样——各自成个小范围，做他们自己的事；中央只站在监督的地位，做些统筹及照料的事情。像这样注重小范围，使学生过惯了团体生活，将来到社会里做事，就要减少很多的困难。"

八是强调班主任制。"把许多的事，都托付给班主任。在每一个小范围里面的秩序，以及庶务、教务、清洁各方面的事，都由学生自己去做；但是要班主任去领导他们才行。所以，班主任要少担任教课，然后才可以专心去领导学生做生活上的事情。"

九是要求学生养成写日记的习惯。"每个学生每天都要写日记，这日记就交给班主任；如此，班主任就可以知道学生日常所做的一切。并且从日记里，还可以晓得学生学业上的程度。再有学生对于各种功课，有疑难的地方，也就可以去问他们的班主任；除非那个班主任对于某种功课不晓得，就没有办法去帮助他们。"

十是学校要注重卫生、生理、体育锻炼等。

从以上梁漱溟所要改革的十大要点中不难发现，他不仅提出了学生如何在学校学习的方法，还对学生的生活方式、人际交往、道德修养方面做了详细的规范。总体来看，这十大要点总的方向是一致的，那就是："培养学生的生活情趣和公共道德，改造自己、改造社会。"

除上述十大要点之外，梁漱溟认为，学费改革问题仍是不可忽略的。不过，他吸取了在山东曹州中学推行"量力而输"方法失败的教训，而是采纳古代地方府州县学与书院差等、弹性学费与奖学金、助学金结合的措施。比如有很多的学生，功课与操行均优，但是家境贫寒，没有缴纳学费的能力，梁漱溟就想方设法来救济他们。"我想分做两方面来讲：第一，如果那个学生的成绩，到了某种优良程度，而他不能缴费时，学校应该免除他的缴纳；不过要先由学校方面，定个章程，要合于我们所规定的学生，才能享受这种权利。第二，有些学生虽说很用功，却因为天资不高，能力有限，或者因疾病，缺课太多，使他的成绩不能到我们所定的程度，而的确他是个好学生，如果他不能缴费，我们就要大家帮他的忙，替他代缴学费。这个意见，是改革的十点以外的一点。"[1]这样的方法与见解既能体现经济与学生求学态度、成效之间的杠杆作用，又能反映出教育的价值和作用，是十分周到而精致的。

从广东省立第一中学"十大改革方向"的内容来看，其中蕴含的现代教育理念是十分丰富的，如教学中学生自然性与社会化的统一，普遍性与差异化的兼顾，科学与人文的融合，师生主客体关系的协调；课程中课程资源的广泛与简约、继承与开发、知识与生活等诸多方面的合适张力；德育中强调主体认识建构的介入，知识学习与行为习惯兼重，规章管理与学生自觉、自愿心理渗透，如此等等，都反映教育理论上的前瞻特色，彰显教育活动的动态、

---

[1] 梁漱溟：《今后一中改造之方向》，中国文化书院学术委员会编：《梁漱溟全集》第四卷，山东人民出版社2005版，第873页。

自主、独立、创造等实践性品性。所有这些，都体现出梁漱溟教育思想中西合璧、继承与发展、经验与理论以及仿效与独创的高度统一。在这方面，尤以学习、吸取陶行知晓庄学校经验与广东省立第一中学状况结合，避免盲目搬袭成法的做法堪为典范。

　　1929年2月，梁漱溟将一中的具体工作交给黄艮庸处理，他再次离粤北上，参观考察全国各处的教育实验。本来梁漱溟这次北上参观考察的目的是为自己回广东办"乡治"积累经验，但他离开广州不久，政局发生了重大变化。这年3月，李济深为调解桂系李宗仁、白崇禧和蒋介石的矛盾，到南京面见蒋介石。不料蒋以李也属桂系为由将他软禁，直到1931年"九一八"事变后才被释放。由于李济深的倒台，梁漱溟在广东失去了依靠，他要再回广东实验他的"乡治"计划是不可能的了，他的广东"乡治"梦想再度因为政治动荡而被迫流产。

当年，梁漱溟常常奔波各地调查研究，这是他参观某地时与同人合影留念。右四为梁漱溟。

韩复榘。到山东开办乡村建设研究院的梁漱溟受到实力人物韩复榘的大力支持，乡村建设实验范围愈发扩大。

　　因此，梁漱溟没有按计划再回广东，而是留在了北方。不久，经王鸿一的介绍，结识了河南人梁耀祖、彭禹廷等人，当时他们正在河南省政府主席韩复榘的支持下，筹办河南村治学院。由于"乡治思想"与他们的"村治思想"接近，于是邀请梁漱溟担任村治学院教务长，并负责主编得到阎锡山资助的《村治月刊》，梁愉快地接受了邀请，并受其委托，执笔起草了《河南村治学院旨趣书》及组织大纲、学则、课程计划等文件，其中《河南村治学院旨趣书》第一次对乡村建设的旨趣、措施和方法作了较为系统的阐述。这表明经过对全国各地乡村工作的考察，梁漱溟的乡村建设思想趋于成熟。

五　考察国内乡村教育事业

1927年3月，陶行知创办晓庄师范。
这是学校初建时的全景。

　　梁漱溟赴河南开展村治教育实验之前,参观考察了国内的多处乡村教育事业,这无疑对其乡村教育理论的形成及后来开展的河南、山东村治教育实验产生了重要影响。

晓庄学校

　　陶行知重视乡村教育,后来又认识到改造农村的根本问题是对农村教育进行根本改造。中国向来不重视乡村教育,即便办了不少学校,又都走错了路:教人离开乡下向城里跑;教人吃饭不种稻;教人羡慕奢华,看不起务农;教人分利不生利;教农夫子弟变成书呆子。既然这种乡村教育走错了路,就必须进行根本改造,用科学实验方法寻觅一条生路。那么,生路是什么呢?"就是建设适合乡村实际生活的活教育!"[1]他对这种活教育还作了进一步的阐述:"活的乡村教育要教人生利,他要教荒山成林,叫瘠地长五谷。他教人人都能自立、自治、自卫。他要叫乡

---

[1] 陶行知:《中国乡村教育之根本改造》,华中师范学院教育科学研究所主编:《陶行知全集》第一卷,湖南教育出版社1984年版,第653页。

村变为西天乐园，村民都变成快乐的活神仙。"[1]这里渗透着陶行知教育与生产劳动结合，注重生利的乡村教育思想。

为此，对如何才能建设起适合乡村建设的活教育，陶行知作了细密的设想："要从乡村实际生活产生活的中心学校；从活的中心学校产生活的乡村师范，从活的乡村师范产生活的教师；从活的教师产生活的学生，活的国民。"[2] 1926年1月，陶行知在《新教育评论》发表《师范教育下乡运动》，提出"乡村师范下乡应有训练乡村教师改造乡村生活的使命"，师范生要到"眼前的乡村"，"去做改造乡村之实习"。[3]是年12月，他又为乡村教育改造绘出了一幅宏伟的蓝图："要筹集一百万元基金，征集一百万位同志，提倡一百万所学校，改造一百万个乡村。"[4]他把搞好乡村教育改造，从而改造好中国的农村，看成立国之根本大计。

晓庄学校由袁观澜任董事长（后为蔡元培），陶行知自任校长。开始时学校仅设两院：第一院是乡村小学师范院，赵叔愚任院长；第二院为乡村幼稚师范院，陈鹤琴任院长。附设燕子矶、尧化门和晓庄三所中心小学。其后，增设神策门和吉祥庵小学。随着晓庄师范学校事业的发展，在1928年8月1日，正式更名为晓庄学校。又增设了三元庵、黑墨营、大象房、万寿庵（嘉善寺）等中心小学、中心幼稚园和燕子矶、晓庄幼稚园，还设有劳山中学、实验民众学校、晓庄剧社、晓庄医院等。值得一提的是，晓庄师范学校还与中华职业教育社合办"晓庄中心茶园及木作店"。木作店的性质是寓教育于职业，工师要入夜校上

---

[1] 陶行知：《再论中国乡村教育之根本改造——在上海青年会的演讲》，华中师范学院教育科学研究所主编：《陶行知全集》第二卷，湖南教育出版社1985年版，第1～2页。

[2] 陶行知：《中国乡村教育之根本改造》，华中师范学院教育科学研究所主编：《陶行知全集》第一卷，湖南教育出版社1984年版，第653页。

[3] 朱泽甫：《陶行知年谱稿》，教育科学出版社1982年版，第18页。

[4] 陶行知：《中国乡村教育之根本改造》，华中师范学院教育科学研究所主编：《陶行知全集》第一卷，湖南教育出版社1984年版，第653～654页。

课,艺徒第一年白天做工,晚间上课。第二年半日读书,半日做工。要求艺徒不但要学会做木工,而且要学会做人。[1]

陶行知在晓庄学校从事乡村教育改造的实验过程中,创造性地提出了生活教育理论,并以之指导教育和教学活动。生活教育包括两个方面:一是"生活即教育,社会即学校",二是"教学做合一"。前者为教学原理,后者为教学方法。"生活即教育"是生活教育论的核心思想,生活决定教育,教育有改造生活的功用。"社会即学校"是"生活即教育"思想的延伸,就是把学校与社会相沟通,以社会为学校。"教学做合一"是生活教育论的方法论,主张"在做上学""在做上教",认为"在做上教的是先生,在做上学的是学生",强调"做是学的中心,也是教的中心"。[2]

晓庄学校的教学组织形式以中心学校为中心,中心学校以乡村为中心,而乡村的生产和生活又反映到学校中来,三者相互依存,构成了生活和学习的有机整体。陶行知非常重视中心学校的建设,"中心学校以乡村实际生活为中心,同时又为实验乡村师范的中心……中心小学是太阳,师范学校是行星。师范学校的使命是要传布中心学校的精神、方法和因地制宜的本领"。[3]

晓庄学校实行教学做合一,课程以乡村生活为中心。围绕着这样一个中心,晓庄学校将课程分为五大部分:一是中心学校工作教学做;二是分任教务行政教学做;三是征服自然环境教学做;四是改造社会环境教学做;五是学生生活教学做。晓庄学校根据生活教育原理,把教育与生活、教育与生产劳动结合起来,学员在指导员(教师)指导下生活,在做上教,在做上学。

---

[1] 卞放:《陶行知的职业教育思想》,《教育与职业》1996年第8期。
[2] 陶行知:《教学做合一》,华中师范学院教育科学研究所主编:《陶行知全集》第二卷,湖南教育出版社1985年版,第42~43页。
[3] 陶行知:《实验乡村师范学校答客问》,华中师范学院教育科学研究所主编:《陶行知全集》第一卷,湖南教育出版社1984年版,第666页。

梁漱溟首先考察的是南京晓庄学校,他曾于1928年4月、1929年2月两次访问这所学校,非常认可陶行知的乡村教育实验方案,赞扬晓庄学校的教育方法,尤其肯定了"事情怎样做就怎样学,怎样学就怎样教"的教学方法,"培养乡村儿童和民众所敬爱的导师"的教育目标以及"教育要本于生活,教育必须教学做合一"的教学原则。梁漱溟认同晓庄学校的一系列措施,认为照此办法培养出来的学生,至少有两种好处:

一、有能力。分别言之,有三种能力:A. 劳作的能力。——我们却没有劳作,不能劳作。B. 智慧方面的能力。他们所学都是真学问;自己学,自己做,而得的真学问。——我们注入的教授得到的学问,怕不是真学问;已有的智慧,也是假智慧。C. 作团体社会生活的能力。这就是指他们的自治与学生分任校务。——我们呢,师生分作两级,治者与被治者,这是不能发展作社会生活的能力的。

二、有合理的生活。因为他们的生活很平民化,这都是他们不同于我们的地方。我们啊!无能力又不平民化,不能做事又要享贵族生活。——社会的病痛,是学校制度给与社会的病痛![1]

由此而论,梁漱溟对陶行知的乡村教育实验评价极高。用他自己的话说:

陶先生又是一个富有创造力,遇事能独出心裁的人。反之,"人云亦云""蹈袭故常",在他是绝没有的。陶先生既从事教育,所以在他事业里面无处不具有一段新意趣,新作风,乃至完全新的一套。你看,早的如"晓庄师范",后来的如"山海工学团",末后如合川草街子的"育才学校",不都是如此吗?他心思用在

---

[1] 梁漱溟:《抱歉—苦痛——一件有兴味的事》,中国文化书院学术委员会编:《梁漱溟全集》第四卷,山东人民出版社2005版,第851页。

实际问题上，总要寻个诀窍来解决问题。因此，他手到之处便见光彩……陶先生
一生的美德懿行，谁都能数出好多点来。陶先生在教育上的创造，更须写几本书
来叙述。[1]

在晓庄学校参观后，梁漱溟向陶行知提出"借兵调将"予以帮助的要求，陶
行知欣然答应。后来派了三名学生：潘一尘、张宗麟和杨效春到山东邹平乡村
建设研究院工作。

江苏昆山徐公桥

1929年3月，梁漱溟一行抵达上海，稍事休息即
由黄炎培、江问渔二人带领转赴江苏昆山安亭乡徐
公桥，参观考察中华职业教育社在那里设立的乡村
改进试验基地。

1926年，中华职业教育社与国立东南大学农
科、中华教育改进社、中华平民教育促进会联合在
徐公桥进行乡村改进实验。他们主张"改良乡村以
教育为中心"，并"拟集中于一地积极办理"，派遣
教员和医生下乡，在教育、公共卫生、医疗救助、文
娱活动以及筑路等方面做了大量的工作。[2]

黄炎培。1917年5月6日，黄
炎培在上海发起创办中华职业教育
社。翌年底，创办中华职业学校及
《教育与职业》期刊。

---

[1] 梁漱溟：《悼念陶行知先生》，中国文化书院学术委员会编：《梁漱溟全集》第六卷，山
东人民出版社2005年版，第648～649页。
[2] 许汉三：《黄炎培年谱》，文史资料出版社1985年版，第75页。

按照中华职业教育社的本意:"我们不去培养什么新农业人才,而我们去养成新农民。新农民的养成自然不是将农民抽出到农村外可以去训练养成的。——只有到农村里面去训练养成他。我们要以新农业推行普及到农村,而农村经济农村自治亦都是相连不可分的。于是我们的职业教育中之农业教育就变成到农村里去作一种整个农村改进运动了。"[1] 于是,中华职业教育社从城市来到农村,由城市原来的艺徒教育、店员教育扩大到农村的农民教育。梁漱溟对职业教育社的这种转变大体认同:"看到提倡职业教育的同仁回转眼光视线到农业上,到农村上,而一向的职业教育运动转变成一种乡村改进运动,或农民运动,是令我非常愉快高兴的。因我自己近年来从一种觉悟,亦回其两眼视线于这一方面来,大家彼此的注意着眼所相近到一处了。"[2]

然而,梁漱溟对职业教育社的诸种作法是持怀疑态度的,认为以黄炎培为核心的中华职业教育社的乡村职业教育在具体作为上存在着极大偏差,主要表现为如下三点:

首先,梁漱溟认为实验效果很小,无法在中国大范围推广,无法从根本上解决中国农村的实际问题。

但以全国之大,数十万农村之多(职业教育社出版之农村教育丛辑,有每县三四十村,全国七八万农村的算法,殊为笑话。大约加三倍算,差不多了),以这般人才钱财一概倒贴进去的作法,其人其钱将求之于哪里?若说作完一处,再作一处,并希望别人闻风兴起,却怕中国民族的命运等不得那许久呢!这都且在其

[1] 梁漱溟:《北游所见记略》,中国文化书院学术委员会编:《梁漱溟全集》第四卷,山东人民出版社2005年版,第882页。
[2] 梁漱溟:《北游所见记略》,中国文化书院学术委员会编:《梁漱溟全集》第四卷,山东人民出版社2005年版,第882~883页。

次；最要紧的是照此作法不是解决问题，而是避开问题了。[1]

其次，梁漱溟认为，这种方案凭外面输入力量，包括人、财、物诸项，而不挖掘利用本地资源，终将缺少人才和资金的支撑。

我们要作农村改进运动时，所最感困难的问题：一就是村中无人，一就是村中无钱……照此徐公桥的作法：人是外面聘请来的；他的生活费是外面贴给的；办公所是外面贴钱修建的，道路是外面贴钱修筑的；教育等事亦是外面贴钱举办的。困难虽没有了，问题却并未解决——避开问题了。尤其应当明白知道的，我们作农村改进运动并不是什么办新村、模范村的那一路理想派。我们不是从远处的理想而发动，而是从眼前的问题而发动。眼前的问题是农村的"贫"与"陋"，更加以近二十年急剧的凋敝。换句话说，我们的目的原是在解决一个"钱"问题，一个"人"问题。不但在我们进行中所感到工具上的困难在此，并且我们最初的问题亦概不外此。不敢逼视我们的问题，坚忍勇猛地在此死中求活，而想躲闪逃避，或偷工省力，纵有结果，其结果不是了。[2]

再次，梁漱溟认为黄炎培等人的作法只是站在教育家的立场上把学校办到了农村，仍是一种现代教育模式向乡村的移植，或"回流"，与乡村社会根基及内部力量发挥或现代因素生长之间存在隔膜，根本上说是没有从"中国"这个大问题着眼考虑问题。

---

[1] 梁漱溟：《北游所见记略》，中国文化书院学术委员会编：《梁漱溟全集》第四卷，山东人民出版社2005年版，第883页。

[2] 梁漱溟：《北游所见记略》，中国文化书院学术委员会编：《梁漱溟全集》第四卷，山东人民出版社2005年版，第883～884页。

关于人才必以取才本地为原则，关于钱财必以本地富力将来自能负担为原则，而且极想在此协助他的期间，增进他的富力。然而照此徐公桥的作法，其落入歧途是明显的了。而其所以非落入歧途不可者，就因为诸位是教育家的缘故。站在教育家的立场，秉着教育家的态度，当办学堂一样的办，那有不如此的呢……产业绝不是这样所可望开发的。产业不能开发，则其他问题都得不到解决。——贫的问题不解决，则陋的问题不得解决。换言之，产业发达，文化始能增进；若单从教育上文化上作工夫，都不免枉用心力。[1]

尽管如此，梁漱溟还是对徐公桥实验区的教育意义作了肯定，并指出他与中华职业教育社的区别：

单就办教育说，与其办一间学校，是不如办这个事，我颇承认的。大概我与诸公不同之点：诸位是在现状下尽点心，作些应作的事；而我则要以"中国"这个大问题，在这里讨个究竟解决。自然，我的用心有未易举似诸公的了。[2]

这种差异或许可以理解为，与徐公桥试验相比，梁漱溟更偏向于乡村社会的文化伦理精神发挥，学校教育乡村本土化建构以及乡村社会建设的整体性推进，这都体现出新儒学思想与西化理念之间融合的在乡建模式探讨上的努力。

---

[1] 梁漱溟：《北游所见记略》，中国文化书院学术委员会编：《梁漱溟全集》第四卷，山东人民出版社2005年版，第884页。
[2] 梁漱溟：《北游所见记略》，中国文化书院学术委员会编：《梁漱溟全集》第四卷，山东人民出版社2005年版，第874页。

河北定县翟城村

结束对徐公桥实验区的考察后，1929年4月，梁漱溟一行沿沪宁线继续北上，直达北京，预备寻访河北定县翟城村自治事业创始人米迪刚、米阶平父子。在冯锐（梯霞）的陪同下，梁漱溟先参观了晏阳初从1926年开始主持的中华平民教育促进会定县实验区，考察了学校、农场和自治组织。翟城村是实验的核心地区，是米氏家族投入多年精力创办的"模范村"。该村以省内统一办法，设邻里编制，有村政委员会主持村内事务。村里办了男、女两所学校，学龄儿童都能入学，包括妇女在内的成人扫盲工作也极为出色。全村三百余户人家，都

位于河北省定州翟城村的晏阳初乡村建设学院是当时北方著名的乡村建设运动实验中心，梁漱溟曾到这里考察学习。

晏阳初（后排中）与同仁在定县考棚平教会办公室前合影。

办起了家庭副业，颇有"家给人足"的景象。平教会与翟城村之间彼此互相协助。平教会的主要工作是办理社会调查，推行平民教育，进行农业改良和实验。平教会在翟城村办了一所特别训练学校，对年富力强的高小毕业程度的本村居民加以训练，预备作村中自治的人才和新技术推广的骨干。在具体的操作办法上，又运用了社会调查、项目分析及量化数理统计的科学方法，具有实证主义研究风格，同时以"表证农家"作为奖励手段，促进农户及个人学习应用技术，推广、实验农业工具，探索品种改良，以起到树立榜样典范、发挥表率引领的效应。

梁漱溟参观后认为一向在大、中城市作平民教育运动的教育家如晏阳初、陶行知等均将其视线转向农村、农民，开办乡村教育，"作整个的乡村改进运动", 具有重要意义。梁漱溟对平民教育的这种方向性转向非常赞赏: 平民教育运动在起初诚然只是单纯一种成人识字运动, 而且是多在都市地方提倡。但后来觉察单纯作识字运动是不行的, 而且中国不识字的平民大多在乡村而非都市。因此, 每在一个地方鼓吹识字运动时, 很容易招致许多人的响应, 作出大规模热烈的游行表示, 来愿求识字的一时可有许多人。但不久人数渐渐减少; 大概开头1000人, 末后能卒业的不过200人。虽然每天不过要他们只挪出一点钟的工夫, 极力想不妨碍他们的作事或生业; 继续的期间不过4个月, 极力想避免他们的困难与减少他们的不耐烦。然而在兴趣与需要上, 似乎总不能使他们有卒业的忍耐与努力, 即此能卒业的200人, 亦很难由此得到什么效用。每每因不常应用, 而把所识的字忘掉了。本来文字符号是劳心的人所需要用的, 而劳力者较不需要。然在都市中的劳力者其接触文字的机会较多, 需用之时亦还有; 若乡下种地的人其接触文字的机会, 需用文字的时候可云太少太少。而在中国不谈平民教育则已, 谈平民教育便当先的是乡间大多数的农民。于是单纯识字运动在平民教育里面的不够与不行更明白了。大约中国社会的缺欠是整个的文化低陋; 每个人的缺欠是整个的程度能力不足。单纯识字运动既不足为补救, 而且遗却在其他方面, 为片面的识字运动亦实在无法可行。因此一面掉转方向到乡间农民身上, 一面扩充平民教育的内容, 统括了文艺教育、生计教育、公民教育三项为一整体平民教育。农民的生计教育, 即是农业的改进; 农民的公民教育, 即是农村组织起来, 预备农村自治。

平民教育之转向农民身上, 并扩充其内容意义, 当然是一大进步; 我们不能不赞颂的。想尽力办教育, 这种教育是办得的; —— 比较办一间什么中学大学有意义得多。想尽力于社会事业, 这种社会事业是应得办的; —— 亦比其他什么事业有意义得多。[1]

然而，梁漱溟认为平民教育实验区并不能真正解决中国的农村问题。其根源在于乡村建设完全依托教育的力量是不够的，还需其他社会部门的配合及保障，尤其是经费的来源过于依托摊派、集资、赞助或政府拨款，这些都不能长久维系，也无法从根本上解决问题。这与中华职教社的乡村事业相类似。

我想说的还在进一层：农村问题亦不是如此可得解决的。期望着农村问题在这里得到解决，实为过分之想。而且以办教育的法子作乡村改进运动，必落于人才钱财一概倒贴之路（如适才批评职业教育社的）是无疑的。教育这事是天生赔钱货也。落入此路，其最大之弊即成了"替天行道"，而不易激发增长其自家固有能力；又且躲避问题终于无所解决。[2]

总而言之，梁漱溟认为平民教育的方式无法从根本上解决中国的问题，其成功的希望是渺茫的。就此而论，新儒家的梁漱溟更多地将乡村教育与乡村社会的诸多部门、领域结合，以社会学的视角考察，突破了平民教育家过于偏执于教育心理的专业化思想之弊，反而更带有整体化与务实性的特色。

---

[1] 梁漱溟：《北游所见记略》，中国文化书院学术委员会编：《梁漱溟全集》第四卷，山东人民出版社2005年版，第890页。
[2] 梁漱溟：《北游所见记略》，中国文化书院学术委员会编：《梁漱溟全集》第四卷，山东人民出版社2005年版，第890~891页。

山西村政

1929年5月，在结束河北定县翟城村乡村平民教育与村治事业的考察后，梁漱溟一行由石家庄转道太原，开始考察山西的村政。此时的山西由阎锡山主政，阎锡山得知梁漱溟要来山西考察后，立即电报相邀。梁漱溟前去五台山河边村会见正在养病的阎锡山，与他谈论村政问题。然后去太原、清源、汾阳、介休、赵城各县考察。据梁漱溟所述：

阎百川先生，为十八年山西政治的主持者，村治尤为其一手经营创造，此时他适病在五台县河边村家乡养息；电邀我到那里会谈。由省城到河边村汽车四小时可达。头一日我以早七时离省，次日晚七时回省。在河边两半日工夫，所谈十之七八皆乡村问题及村政，我于谈话中认识出山西十年来的村政有他不少心血在内。[1]

结束山西之行后，梁漱溟认为山西的村政并没有其想象的那么好，自治无法真正实现。

常言说道："盛名之下，其实难副。"山西的实际，亦不能逃此公例。大概就人民自治一面来说，自治的真精神似乎很少。就官府所推行的几项行政来说，似乎难如所期望，而不免有流弊。[2]

---

[1] 梁漱溟：《北游所见记略》，中国文化书院学术委员会编：《梁漱溟全集》第四卷，山东人民出版社2005年版，第892页。
[2] 梁漱溟：《北游所见记略》，中国文化书院学术委员会编：《梁漱溟全集》第四卷，山东人民出版社2005年版，第898页。

即便如此，梁漱溟还是肯定了山西村政的一些成就。据梁漱溟所述：第一是治安好；第二识字人多；第三是禁烟有几分成功；第四是禁缠足有七八分成功；第五是军事时期，办理征发之方便。[1]

在乡村教育方面，山西投入很大的人力与物力。这也彰显出阎锡山这位军阀任"山西王"或主政山西期间对国民义务教育、乡村社会教育给予的关注或热心，借以稳定地方社会秩序，并博得一些好名声。

曾经推行贫民教育，识字的人尚多，唯识字多寡，当以教育为前提，而山僻小村，则举办教育甚为困难，即师资问题，尤不易解决，义务教育，凡各村儿童一到七岁，即强迫入学，归村政处办理，责成村长、副调查，其方法分为三层，一、身家较优者，强迫入学。二、贫寒者补助课本。三、极贫者准免入学，因极贫之家，非但无力购买课本，且须其幼子之劳动以补助贫民教育，但此实为数极少。

即令各村成年而不识字的人，于晚间工作之余，补习上课。补习学校附设于各村国民学校，即由国民学校教员兼任教授，省署颁给课本，但因受补习教育之人终日劳倦，且身居乡间，从事农业，不感觉识字之必要，故虽举办三四年，而尚未收有全效。

全省尚有师范学校八处，而中学学生因近年生活程度增涨之故，多数无力升学者，亦相率而作国民小学教员矣。敝省在教育上整个计划，其第一步即在师资，国民师范即应此需要而生，计至民国十年，师资问题，已可将全省各村国民学校全行设立，而不感困难，但乡村瘠苦，教员薪水不

---

[1] 梁漱溟：《北游所见记略》，中国文化书院学术委员会编：《梁漱溟全集》第四卷，山东人民出版社2005年版，第890～891页。

多,仍不免若干之障碍。[1]

　　当时山西乡村中的第一件大事就是办学校,而学校经费占财政支出的很大一部分,梁漱溟对此种做法持质疑态度。因为这种教育投入兴办的学校与乡村社会的需求之间相去太远,只是造成了教育资源的浪费,有限的财力因为教育模式不切合乡村实际,未被乡民接受与理解,而被消耗殆尽。这种投入与产出之间的落差极大地阻碍了农村教育的改进,也因为办教育形同"抽血"而殃及其他产业及文化生活的健康推进。

　　总而言之,山西村政也不能使梁漱溟完全满意,他认为依然无法从根本上解决中国的问题。

　　1929年5月20日,梁漱溟一行结束考察,回到北京。梁漱溟此次北游的费用是由广东省政府提供,可见梁漱溟最初参观考察各地乡村建设运动的目的是为了将来再回到广东更好地开展乡治改革。然而,事与愿违,蒋桂战争的爆发使得梁漱溟无法回到广东继续开展乡治改革实践,但对国内乡村建设事业的考察所作的努力并没有白费。一方面,通过此次北上考察,梁漱溟结识了各地乡村建设运动的领导人,如陶行知、黄炎培、晏阳初等乡村建设运动领袖,这对他日后推动乡村建设运动的高涨,并成为乡村建设运动的代言人和乡村建设派的政治领袖打下了基础;另一方面,通过此次考察,梁漱溟坚定了自己的理念与主张,即通过开展乡村教育,从农村入手,寻求解决中国问题的根本出路,进而实现国家富强、民族振兴。更为重要的是,通过考

---

[1] 梁漱溟:《村政问答记》,中国文化书院学术委员会编:《梁漱溟全集》第四卷,山东人民出版社2005年版,第875~876页。

察，梁漱溟对当时中国的乡村建设事业以及乡村教育运动有了大体的了解，在考察中对各地所采取的措施和方法、存在的问题和困难、取得的经验和教训的认识及总结，为日后主持河南村治教育实验与山东邹平乡村教育实验提供了宝贵借鉴。他后来把自己一路所思所闻和感想，写成《北游所见记略》一文，发表在《村治月刊》。

六　河南村治教育实验

河南辉县百泉湖。右侧建筑为苏门山脚下的百泉书院。

　　1929年秋，梁漱溟受邀赴河南辉县筹办河南村治学院。1930年1月学院开学，梁漱溟任教务长，负责主持学院的具体工作。他以河南村治学院为依托，在辉县百泉乡开展村治教育实验，发展乡村自治，力图从乡村入手寻求解决中国问题之路。本次教育实验虽然因战争被迫终结，但在全国引起了巨大反响，是中国近现代乡村教育改革过程中一次大胆的尝试。

河南村治学院的创建

　　河南村治学院由镇平自治运动领导人彭禹廷提议并得到冯玉祥与韩复榘的支持而创办，其目的在于研究乡治理论、培养乡村自治人才。当时的河南民众深受兵匪之祸，河南村治学院的最初动机就是出于"乡村自救"。彭禹廷总结了镇平县剿匪自卫的经验，认识到："非剿匪一时所能解决，必有治本办法，健全人才，方能奏效。"为了研究与寻求乡村"救穷"和"兴利"的办法，以求治本，彭禹廷于1927年7月由镇平专程赴汴，与时任河南省政府主席的韩复榘面商，获得他的允准，后来省府委员会作出正式

彭禹廷。

决议，成立河南村治学院。[1]村治学院的创办是开展村治教育实验的前提，为村治教育实验提供良好的平台与坚实的保障。梁漱溟主持的河南村治教育实验便是以河南村治学院为依托推行的。

彭禹廷在获得韩复榘的支持后，开始了河南村治学院的选址工作。1929年7月，邀请河南大学教授郭海封，从巩县渡口乘木船渡过黄河，来到太行山，选中了苏门山麓的百泉书院作为河南村治学院院址。

接着，彭禹廷又着手聘任管理及专业人才。《河南文史资料》称：该院由彭禹廷任院长，梁仲华为副院长，王怡柯为总务长。聘梁漱溟为主任教授，冯梯霞为农场场长。学院里研究理论的有梁漱溟，研究合作的有孙廉泉，研究农业的有冯梯霞，他们都是当时乡村自治思想的积极倡导者。[2]

河南村治学院虽由彭禹廷等人创立，但在其筹备与开办过程中，梁漱溟着实扮演了一个不可或缺的角色。彼时他正在各地参观考察乡村建设运动，因广东政局突变无法返

---

[1] 冯文纲：《河南村治学院始末》，中国人民政治协商会议河南省委员会文史资料研究委员会编：《河南文史资料》第二十辑，豫刊证字第16号，1986年版，第19页。

[2] 冯文纲：《河南村治学院始末》，中国人民政治协商会议河南省委员会文史资料研究委员会编：《河南文史资料》第二十辑，豫刊证字第16号，1986年版，第19页。

粤继续开展活动,只得回北京借居清华园内,准备《中华民族之前途》一书的写作工作,经好友王鸿一介绍与梁仲华相识。而此时梁仲华与他的朋友彭禹廷同奉河南省政府委命筹办河南村治学院,他们便邀请梁漱溟一起参与村治学院的办学活动。据梁漱溟所述:"由于我搞的乡治,与他们搞的村治差不多,他们欢迎我参加,请我接办《村治月刊》,担任河南村治学院教务长,支持学院的具体工作。我很高兴地接受了他们的邀请。当时,河南村治学院正在筹建,我便把筹建工作抓起来。"[1]

梁漱溟接受王鸿一、彭禹廷等人的邀请担任河南村治学院教务长后,便动身前往河南新乡与彭禹廷、梁仲华、王鸿一等人共同协商开展河南村治教育实验。此时,河南村治学院还处于筹备阶段,尚无明确的办学规划与组织方案,各项教学、管理等规章制度还未设定,为村治学院制定办学宗旨与学则章程成为迫在眉睫的事宜。彭禹廷、梁仲华等人虽然是河南村治学院的开创者,对开展河南村治教育实验也十分热心,但由于缺乏村治教育的理论研究与素养,无法形成系统的办学思路。而梁漱溟不仅家学渊博、学富五车,担任过北京大学讲师,对东西方文化有深入研究,善于进行理论性阐释,而且多次将理论付诸实践,曾先后开办曹州中学、重华书院,实践过广东乡治教育,起草了《曹州办学意见述略》《重华书院简章》《请办乡治讲习所建议书》,其系统而完整的乡治理论和丰富的办学经验对开展河南村治教育实验有着重要作用,因而起草河南村治学院办学宗旨和学则章程的重任便交由梁漱溟完成。经与梁仲华、王鸿一等人商量,梁漱溟负写定之责,完成《河南村治学院旨趣书》《河南村治学院组织大纲》及《河南村治学院学则及课程》等纲领性文件。这是他根据村治学院的旨趣及河南当地的实际情况,结合其乡治理论及先前曹州中学、重华书院、广州一中的教育实践经历悉心制定的,很好地阐释了河南村治学院的办学宗

---

[1] 梁漱溟:《忆往谈旧录》,陕西师范大学出版社2009年版,第153页。

旨与教育理念，是其办学活动得以顺利开展的关键所在。

《河南村治学院旨趣书》从社会、政治和经济等多角度论述了从村治入手，以达到民族自救、国家振兴的意义。"顾其道何由？曰是在村治。欲求进于组织，夫必有其着手处；则由村落以着手，自为其天然所不易。""求中国国家之新生命必于其农村求之；必农村有新生命而后中国国家乃有新生命焉。"[1]这表明，经过多年的研究和探索，梁漱溟以农村为着落点，从村治入手寻求解决中国问题的根本出路的"村治"主张已经基本成熟，同时，这也为河南村治教育实验的开展奠定了理论基础。此外，《河南村治学院组织大纲》及《河南村治学院学则及课程》对河南村治学院的教学与管理作了具体规定，明确了学院的组织结构、课程设置及办学方式，为河南村治教育实验提供了制度保障，使学院的办学活动得以高效开展。

除担任河南村治学院教务长外，梁漱溟还接替王鸿一主编《村治月刊》。《村治月刊》是王鸿一在北京创办的，在经济上得到阎锡山的资助。后来彭禹廷赴北平（1928年，因陈果夫建议，南京国民政府改北京为北平）与王鸿一商议，将该刊兼作河南村治学院学刊，由梁漱溟在百泉主编，在北平定期出版发行。梁漱溟接任《村治月刊》主编后，发表了彭禹廷的政治经济主张以及梁漱溟自己的乡建理论，"一石激起千层浪"，并引致国内外稿件信件纷至沓来，乡建问题遂成为许多学者的关注热点。梁漱溟白日讲课，组织日常教务，夜晚编刊，不辞辛苦，将博学之文相继刊出，引发北平、上海、天津、济南、西安、开封、太原、浙江、广西等地军政学界热议。受此影响，河南村治学院成为全国各大报纸热衷报道的新闻热点，也成为一所进步青年竞相来投的名校。滇、桂、鲁、陕、晋、川六省首脑，曾选派优秀青年前来受训。[2]此外，梁漱溟对

---

［1］梁漱溟：《河南村治学院旨趣书》，中国文化书院学术委员会编：《梁漱溟全集》第四卷，山东人民出版社2005版，第917页。

［2］于天命：《一代完人彭禹廷先生》，华夏出版社2008年版，第135页。

梁漱溟接办《村治月刊》，刊名为其手迹。

《村治月刊》的编辑方针进行了修订，力图在思想和内容上扭转社会流行的盲目学习西方的心理，并阐析村治或乡村建设的设想，相继发表了《主编本刊之自白》《河南村治学院旨趣书》等文章。1930年6～7月间，梁漱溟的《中国民族自救运动之最后觉悟》一文，连载于《村治月刊》第二至四期。全文计九部分：（一）觉悟时机到了；（二）所谓近世的西洋人及西洋文化；（三）中世的西洋社会和他们的文明程度；（四）由中世到近世的转捩关键何在？（五）中国人则怎样；（六）解一解中国的谜；（七）我们一向的错误；（八）我们今后的新趋向；（九）附志。在梁漱溟看来，所谓乡治或村治，全然不是什么当今建设事业之一，或什么训政时期的一种紧要的工作，而是一种最实在的文化运动。

　　我眼中的乡治或村治，全非所谓什么"当今建设事业之一"，或什么"训政时期之一种紧要工作"；我是看作中国民族自救运动四五十年来再转再变，转变到今日亦是到最后的一新方向。这实是与四五十年来全然不同的一新方向；以前都是往西走，这便要往东走。我不能牵牵扯扯裹混在往西的人堆里，干我往东的事；事原是大家的事，原要大家往东走才行，我一个人往东没有用的。如果大家于旧方向不死心断念，则我的乡治或村治即无从谈起！这时你和他说些个乡治或村治的怎样怎样办法，中什么用呀？我不开口说话则已；我说话，劈头一句，就要先打破他往西走的迷梦，指点他往西走的无路可通。[1]

他强调乡村自治或建设运动的展开是中国民族自救运动四五十年来再转再变的一个新方向，是中国民族自救运动之最后觉悟，与以前的自救运动相比较，具有本质的差别。以前的运动都是往西走，这一次则是往东走，在原则上，反对欧化与俄化，否认欧洲近代社会制度在中国实现的可能性，而主张在中国固有文化的基础上融合西方文化之优点，建立民族新文化，重新建构中国社会组织系统。

上述一系列从文化哲学角度研讨乡村自治问题的论文，逐步建立和完善了梁漱溟乡村建设的理论体系，使他成为中国现代史上乡建派的领袖及代表。

河南村治教育实验以河南村治学院为基地，在梁漱溟、彭禹廷等人的主持下蓬勃开展。在这期间，河南村治学院的主导人也与国内各地乡村建设事业的领导人进行了广泛的交流与互动。

1930年4月，春雨过后，太行山下桃红柳绿，燕子归来。郁郁葱葱的松柏和翠柳，倒映在百泉湖上，清澈荡漾的碧波，涟漪片片浓绿。春色关不住，彭禹廷和他的同仁们喜气洋洋地忙碌着，迎接贵宾到来。

最先到达的是留美归来在河北定县推行乡村平民教育的晏阳初。次日，南京晓庄学校生活教育派的陶行知以及浙江萧山、江苏无锡推行乡建的代表一同到来。第三天，远在贵州石门坎从事"宗教与科教乡建"的传教士伯格理及随行者，还有广西全州乡建首脑，山西乡建教师数人，相继到达。重庆北碚"实

---

[1] 梁漱溟：《主编本刊之自白》，中国文化书院学术委员会编：《梁漱溟全集》第五卷，山东人民出版社2005年版，第21页。

业乡建"创建者"一代船王"卢作孚的四位代表、安徽及甘肃乡建人士,都如约来到,共商乡建大计。应彭禹廷之邀,南阳名士杨鹤汀和杨桂轩、镇平"福兴源"商号大掌柜及其沁阳友人郭问同(中共河南地下省委宣传部长郭晓棠之父)及河南省政府秘书主任南汉宸,作为特邀嘉宾亲临学院。

彭禹廷致欢迎词,梁仲华主持研讨。梁漱溟、于鲁溪、孙廉泉、李柳溪、郭海丰、冯梯霞、王柄程等专家、学者参加座谈,并陪同参观实验室、实习工厂和农场、猪种场、羊种场、蜂种场、牛马种场及园艺场、竹木器厂、军事运动场、靶场。在相互切磋中,来访学者、代表们畅所欲言,气氛热烈。

1914年毕业于金陵大学,后到美国哥伦比亚大学深造、又考察欧洲归来的陶行知说,杜威主张的"学校即社会"之说,鄙人不敢苟同。学校里的东西太少,有些东西脱离社会,不如反过来主张"社会即学校"。在这个主张下,教育材料、教育方法、教育工具、教育环境、学生成分和数量、教师成分和数量都会多起来。所以他提出"社会即学校""生活即教育"。这二者是相通的、相辅相成的。陶行知认为河南村治学院的主旨,恰恰如此,学院课程设置的气魄,独树一帜,令人震惊。他认为河南村治学院开设的课程是农、工、经济、金融、养殖、军事、武术、行政管理、法律法规的综合课程,并对彭禹廷、梁仲华、梁漱溟等人不提口号不张扬,率先垂范,默默实践的精神深感钦佩。[1]

通过几天讨论,梁漱溟、彭禹廷等人从每位乡村建设领袖和代表们介绍的各地乡建情况及所述观点中获得了不少新知,进一步增强了自己的信念。同时,也明白了其他乡村教育与河南村治教育实验的相同之处与不同之处,对推动梁漱溟的乡村建设理论走向成熟以及河南村治教育实验的开展有着十分重要的作用。

---

[1] 于天命:《一代完人彭禹廷先生》,华夏出版社2008年版,第138~139页。

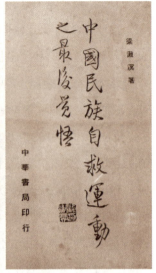

燕京大学校舍旧影。在河南村治学院进行乡村建设的同时，梁漱溟应北京大学、燕京大学邀请曾前往演讲《中国问题之解决》。

1932年9月出版的《中国民族自救运动之最后觉悟》。

在河南村治学院任教的同时，梁漱溟应北京大学、燕京大学之邀前往讲学，演讲了同一个题目：《中国问题之解决》。这个演讲稿连同其他关于乡治问题的论文合编为《中国民族自救运动之最后觉悟》一书，由北京村治月刊出版。这部文集是梁漱溟在乡村建设运动、社会改革方面的代表作，它的问世说明了梁漱溟乡村建设思想的成熟。[1]

---

[1] 马东玉：《梁漱溟传》，东方出版社1993年版，第86页。

河南村治学院的组织管理

《河南村治学院组织大纲》中明确规定："本院设院长、副院长各一名，由省政府任命之。院长主持全院院务，副院长襄助院长处理院务，院长不在时，代理其职务。设教务长、总务长各一人，由院长聘任之。教务长商承院长、副院长，掌理教务事宜；总务长商承院长，副院长，掌理其他一切事宜。"[1]可见，河南村治学院实行院长负责制，院长由副院长协助总揽全局，梁漱溟作为教务长对院长和副院长负责，掌管学院的日常教务事宜。为保障村治学院的日常运作及院务的制定与实施，"特设院务会议，为院长、副院长咨询机关，以院长、副院长、教务长、总务长、各部主任、农场主任、图书馆主任、医院主任及院长特约之教员一人至三人组织之，其会议规程另订之"[2]。由此而论，院务会议的参加人员涵盖了村治学院各机构，是制定学院大政方针政策的最高行政会议。而河南村治学院具体事务的实施与执行，则由院务办公处负责。"村治学院设院务办公处，为全院中枢办事机关，以副院长、教务长、总务长合组之，督导事务人员分左列各股办事：一、教务股。二、注册股。三、文书股。四、会计股。五、庶务股。办公处共用事务员八人，由院长委任之，承命办事，其办事细则另订之。"[3]综合而论，河南村治教育实验的开展得益于村治学院科学、

---

[1] 梁漱溟：《河南村治学院组织大纲》，中国人民政治协商会议河南省委员会文史资料研究委员会编：《河南文史资料》（第二十辑），豫刊证字第16号，1986年版，第5页。

[2] 梁漱溟：《河南村治学院组织大纲》，中国人民政治协商会议河南省委员会文史资料研究委员会编：《河南文史资料》（第二十辑），豫刊证字第16号，1986年版，第6页。

[3] 梁漱溟：《河南村治学院组织大纲》，中国人民政治协商会议河南省委员会文史资料研究委员会编：《河南文史资料》（第二十辑），豫刊证字第16号，1986年版，第5页。

合理的管理体制，院长、副院长通过院务会议和办公处总揽全局，教务长负责学院的日常教务事宜，院务会议负责制定村治教育实验方针政策，办公处负责具体事务的执行。而其管理机构与人员都十分精简，避免了机构冗杂的缺陷，从而提高了村治学院的行政管理效率。

为确保河南村治教育活动的顺利开展，河南村治学院设立了专门的教学部门，建立了一套系统、完整的教学机制。"本院教学，分农村组织训练部、农村师范部二部，并附办村长训练部、农林警察训练部、农业实习部等部，其学则另订之。前项附办各部，得由院务会议之议决，呈准省政府，增置或简设之。本院教学各部，置主任各一人，会同各学科教员，分任指导各该部学生作业事宜。各部作业课程另订之。"[1] 可见，河南村治学院的教学主要是通过农村组织训练部和农村师范部展开的，村长训练部、农林警察训练部、农业实习部起辅助作用。教学各部主任为各部的最高领导，负责各部的教学工作并与各科教员协作指导学生作业。而各部的具体教学工作是以班级为单位展开的，《河南村治学院学则及课程》规定："农村组织训练部，农村师范部，各分设正班及速成班，正班各以修满二年为结业期限，速成班各以修满一年为结业期限。村长训练部，以修满六个月为结业期限，农林警察训练部，以修满一年为结业期限，农业实习部，不定期结业，但至低限度，不得少于三年。"[2] 农村组织训练部、农村师范部分设正班与速成班，根据各部不同的性质采用不同的修业年限，体现了河南村治学院教学机制灵活、变通的特点。对此，梁漱溟主持制定的《河南村治学院组织大纲》中有如下描述：

[1] 梁漱溟：《河南村治学院组织大纲》，中国人民政治协商会议河南省委员会文史资料研究委员会编：《河南文史资料》（第二十辑），豫刊证字第16号，1986年版，第5～6页。
[2] 梁漱溟：《河南村治学院学则及课程》，中国人民政治协商会议河南省委员会文史资料研究委员会编：《河南文史资料》（第二十辑），豫刊证字第16号，1986年版，第7页。

农村组织训练部，关于应办社会调查，巡回讲演，及各种乡村事业之改进运动，由部主任、各教员及学生成立本部指导作业室，分股办事，其组织及办事等章则，由该部提出，经院务会议订定之。

农村师范部，在本院左近乡村应办之实验小学，及教育推广等事项，由部主任、各教员及学生成立本部指导作业室，分股办事，其组织及办事等章则，由该部提出，经院务会议订定之。

村长训练部、农林警察训练部，于十四条、十五条之乡村社会活动，有应参加者，由该部主任会商农村组织训练部、农村师范部各主任，指导学生会合办理，一同进行，不另立组织。

农村组织训练部，农村师范部，为商讨各该部作业进行，及各项设计，得由主任召集各该部务会议，由各该部主任、教员及主任所特约之人员组织，其会议规程另订之。[1]

由上可见，村治学院教学各部门职能与分工不同，农村组织训练部开展社会式教育，从事各种乡村建设运动；农村师范部开展学校式教育，办实验小学，负责教育推广。农村组织训练部和农村师范部部长通过召开部务会议，确保教学各部职能的实施与开展，而教学各部组织及办事章程由各部自主制定，表明教学单位拥有较大的自主权。

河南村治学院的学生管理采用部主任制，这是对广东省立第一中学及国内其他学校的一种有效借鉴。梁漱溟认为，该制度能够促进师生之间的交流，从而有利于河南村治教育实验的开展。"近年广东省立第一中学，实行班主任制，颇能发生师生间真实关系，增进教育效率。又闻民国八年山西省立国民师范学校，亦曾有类此之制度，甚著成绩。本院今仿其意。"[2] 根据《河南村治

---

[1] 梁漱溟：《河南村治学院组织大纲》，中国人民政治协商会议河南省委员会文史资料研究委员会编：《河南文史资料》（第二十辑），豫刊证字第16号，1986年版，第6～7页。

[2] 梁漱溟：《河南村治学院学则及课程》，中国人民政治协商会议河南省委员会文史资料研究委员会编：《河南文史资料》（第二十辑），豫刊证字第16号，1986年版，第14页。

学院学则及课程》第三十二条规定："置农村组织训练部主任、农村师范部主任、村长训练部主任、农林警察训练部主任各一人。于必要时,经院务会议议决,于部主任下,增置班主任,辅助部主任执行其职务。"[1]

各部主任除了负责教学任务外,主要从事学生的日常管理工作,包括学生的日常起居、思想性情等,亲自指导学生的身体训练和精神陶冶活动,参加学生聚会并与学生同起居共饮食,及时了解并体察学生的思想、习惯、性情。

部主任的另一项重要职能是指导学生成立自治团体,培养学生的自治能力。按照《河南村治学院学则及课程》的规定,学生可在各部主任的指导下成立自治团体,对相关事宜实施自治。"各部主任指导学生在本院许可范围内,成立各该部学生自治团,进行自治。凡经本院划归该部自行办理之教务、庶务、卫生等事,及指定之该部指导作业室、宿舍庭除等,均得在各部主任指导监督之下,自行料理之。"[2]这与村治学院培养乡村自治人才的办学宗旨相适应,是一项具有独特性的管理制度。

此外,各部主任还要承担学生日记的的批阅、指导工作。"据广州省立第一中学班主任制试验之结果,逐日批阅学生日记,为极有关系之点。班主任于此,可增进其对于学生之了解,而因宜指导之。学生于此,可时有自己身心之省察注意,至于文思之显著进步,又其余事也。"[3]通过广州一中的教学实践,梁漱溟认识到批阅学生日记具有重要的意义,它能够增进师生之间的良好关系,使教师更加了解学生的生活及心理状态,从而有利于更好地开展学生工作。

---

[1] 梁漱溟：《河南村治学院学则及课程》,中国人民政治协商会议河南省委员会文史资料研究委员会编:《河南文史资料》(第二十辑),豫刊证字第16号,1986年版,第12～13页。
[2] 梁漱溟：《河南村治学院学则及课程》,中国人民政治协商会议河南省委员会文史资料研究委员会编:《河南文史资料》(第二十辑),豫刊证字第16号,1986年版,第13页。
[3] 梁漱溟：《河南村治学院学则及课程》,中国人民政治协商会议河南省委员会文史资料研究委员会编:《河南文史资料》(第二十辑),豫刊证字第16号,1986年版,第14页。

河南村治教育实验的实施

　　梁漱溟主持的河南村治教育实验是以河南村治学院为平台展开的，而河南村治学院是河南省政府批准创立的一所正规学校，这就决定了教育实验的开展必然含有学校教育的色彩。例如，梁漱溟制定的《河南村治学院组织大纲》和《河南村治学院学则及课程》作为河南村治教育实验的纲领性文件，不但内容丰富完整，具有前瞻性，而且从学校运行机制的角度对河南村治教育实验作了系统而完整的规定，包括系统的行政管理、教学和学生管理，确保了河南村治教育实验主要在学校教育的模式下顺利、高效开展。然而梁漱溟对学校教育与社会教育有独到的见解：学校教育属于传统教育模式而社会教育是新兴的教育模式，传统教育存在种种弊端，新兴的社会教育能够弥补学校教育的不足，"正唯传统学校教育有所不足，或且日益形见其缺短，乃有今之所谓社会教育（或民众教育或成人教育）起为补救"[1]。两者都不能成为真正的教育，真正的教育是学校教育与社会教育的结合。"两者各不足为准理当事的真教育，真教育行且见其为两者之融合归一。"[2] 一所教育机构的教育对象是该教育机构所在社会领域内的全体成年男女及适龄青年，它不仅对受教育者承担教育责任，而且要对该社会领域承担社会责任，教育机构要同时承担学校教育和社会教育两种职能。因此，梁漱溟主张河南村治学院应当建立独特的教

---

[1] 梁漱溟：《社会本位的教育系统草案》，中国文化书院学术委员会编：《梁漱溟全集》第五卷，山东人民出版社2005年版，第395页。

[2] 梁漱溟：《社会本位的教育系统草案》，中国文化书院学术委员会编：《梁漱溟全集》第五卷，山东人民出版社2005年版，第395页。

育模式,这种教育模式包含学校教育与社会教育两方面内容。

　　河南村治学院冬季办理招生及入学手续,教学各部依据其不同的教学性质规定了入学条件。农村组织训练部正班及速成班均招收高级中学毕业生及同等学力者;农村师范部速成班招收高级中学毕业生及同等学力者,正班招收初级中学毕业生及同等学力者;村长训练部实行保送制,由当地各村声誉良好的现任村长或曾任村长指定保送;农林警察部招收小学毕业及同等学力者;农业实习部则不限定入学资格,"凡年力足任农场工作,自粗识文字以上,讫于各种农业学校毕业者,经本院农村主任面试合格后,得院长之许可随时入场实习"[1]。以上入学资格的规定只适用于本省学生,而对于外省自备路费求学者,入学条件有所放宽,但招收名额大大少于本省学生。"本院得应外间请求,酌收外省自备资斧前来附学者,不限资格,亦无结业,经院长、副院长得教务长同意而许可入学。其名额不得逾本院现有学生十二分之一。"[2]这表明河南村治教育实验主要针对本省展开,具有一定的针对性与地域性,其性质是培养乡村自治之人才的地方性教育实验。

　　在正式教学授业之前,学生要经历一段试学期,学院根据学生在试学期的表现来决定其是否能够继续留院求学。教学各部的试学期限及考察标准并不相同,"农村组织训练部,农村师范部学生,均定以入学初三个月为试学期,本院于此期间,得就其资性、体质、思想、行为,加以甄别而去留之。农业实习生,定以入学初一个月为试学期,农场主任得视其能耐劳作与否而去留之"[3]。可见,村治学院教学各部的试学期是根据各部的不同性质灵活制定的,对考

---

[1] 梁漱溟:《河南村治学院学则及课程》,中国人民政治协商会议河南省委员会文史资料研究委员会编:《河南文史资料》(第二十辑),豫刊证字第16号,1986年版,第8页。

[2] 梁漱溟:《河南村治学院学则及课程》,中国人民政治协商会议河南省委员会文史资料研究委员会编:《河南文史资料》(第二十辑),豫刊证字第16号,1986年版,第9页。

[3] 梁漱溟:《河南村治学院学则及课程》,中国人民政治协商会议河南省委员会文史资料研究委员会编:《河南文史资料》(第二十辑),豫刊证字第16号,1986年版,第9页。

察学生的实际能力与素养具有重要意义。实行试学规定的原因在于："本院期在培养实地服务之才，故于学生之资性、体质、思想、行为，不能不加意，而一度之学试，又未足以知其如何，故特设为试学期之规定，唯村长训练部，肄业期短，农林警察训练部，服务较易，均不适用此项办法，故无其规定。"[1]由此而论，河南村治学院对学生有着严格的要求，十分注重对学生各方面素质的考察，只有德、智、体全面发展的学生才具备入学资格。

村治学院培养的是乡村自治及服务人才，以推动河南省乡村自治事业，因而村治教育的课程编制注重培养学生的实际操作能力。"所有各部课程，概不出：（一）各种实际问题之讨论、研究及其实习试做；（二）为解决或应付实际问题所必要之知识技能之指授训练；（三）实际作事之精神陶炼。"[2]把课程的实用性放在第一位，与村治学院的办学宗旨是一致的。

村治学院的教学由农村组织训练部、农村师范部、村长训练部、农林警察训练部负责，各部因其性质不同而所开设课程各异，但有三方面的课程是各部都开设的："甲、'党义'之研究，概括《三民主义》《建国大纲》《建国方略》，及其他科目。乙、乡村服务人才之精神陶炼。丙、村民自卫之常识及技能之训练，概括自卫问题研究、军事训练、拳术，及其他等目。"[3]这三方面课程涉及"党义"、道德及军事教育，体现了村治教育培养学生实际能力与精神素养的价值取向。

在课程设计方案中，农村经济与政治问题研究在课程结构中占有很高比例。农村经济课程内容涉及经济理论、生产消费、经济实证调查、农业技术及

---

[1] 梁漱溟：《河南村治学院学则及课程》，中国人民政治协商会议河南省委员会文史资料研究委员会编：《河南文史资料》（第二十辑），豫刊证字第16号，1986年版，第9页。

[2] 梁漱溟：《河南村治学院学则及课程》，中国人民政治协商会议河南省委员会文史资料研究委员会编：《河南文史资料》（第二十辑），豫刊证字第16号，1986年版，第14页。

[3] 梁漱溟：《河南村治学院学则及课程》，中国人民政治协商会议河南省委员会文史资料研究委员会编：《河南文史资料》（第二十辑），豫刊证字第16号，1986年版，第15页。

与农业相关的各项产业。政治问题的研究是农村组织训练部、村长训练部学生的必修课程，其内容涉及政治理论、法律法规、地方自治组织、户籍制度等多个领域。"农村政治方面之问题研究，概括政治学大意、现行法令、乡村自治组织、地方自治、户籍、土地、公安、风俗改良、卫生、筑路，及其他等目。"[1]

农村师范部开设农村小学教育问题研究的课程："农村小学教育之问题研究，概括教育原理、教育心理、农村小学各科教材及教法、学校行政及组织、学校教育推广、乡村教育行政，及其他等目。"[2]这表明农村师范部注重农村小学教育理论的研究，为培养农村基层教育人才、发展乡村教育事业提供师资保障。农林警察训练部开设的课程主要涉及农林知识技能及农林事业保护方法："农林知识及技能之训练，概括农艺、森林、园艺、畜产、兽医、蚕桑、病虫害等学科之大意，及其他等目。农林事业保护方法之训练，概括关于农场林野之巡查、管理、警戒、劝导等事项，又动植物病害之预防扑灭等技术，及其他等目。"[3]

总体看来，河南村治教育实验的课程编制既有社会各领域的专门技术及文化知识，也包括乡村礼俗道德、精神伦理以及西方现代的思想观念，尤其突出了农村社会特定生产组织及生活方式的现实需求，这与其办学宗旨是一致的。

河南村治学院的基础设施主要包括教学场所、图书馆、体育场馆、实验设备、实习基地、学生宿舍等，以为教育教学工作提供后勤保障。

---

[1] 梁漱溟：《河南村治学院学则及课程》，中国人民政治协商会议河南省委员会文史资料研究委员会编：《河南文史资料》（第二十辑），豫刊证字第16号 1986年版，第15页。
[2] 梁漱溟：《河南村治学院学则及课程》，中国人民政治协商会议河南省委员会文史资料研究委员会编：《河南文史资料》（第二十辑），豫刊证字第16号 1986年版，第15页。
[3] 梁漱溟：《河南村治学院学则及课程》，中国人民政治协商会议河南省委员会文史资料研究委员会编：《河南文史资料》（第二十辑），豫刊证字第16号 1986年版，第16页。

本院置农场，一部为农业改良试验，一部为经济经营，并附办农家副业。设主任一人，技师二人，均由院长聘任之。主任商承院长、副院长，掌理全场常务，技师承主任委托，分任技术事宜，并协助主任分理场务。农业实习部实习生，随同主任、各技师实习技术，并承命办理场中杂务。场内组织章程及办事细则另订之。

本院置图书馆，设主任一人，由院长聘任之，主管本院图书事宜。助理员二人，由院长委任，承主任命，助理馆中事务。其办事及阅览等规程另订之。

本院置医院，设主任一人，又中医师一人，由院长聘任之，主管本院及院外左近乡村医药卫生事宜。助手看护各一人，由院长委任之，承主任命，办理医院各事。[1]

与一般学校不同，河南村治学院的基础设施建设具有一定的独特性，其中最能代表"村治"教育模式特点的便是农场的设立。农场不但为村治教育的农业改良试验与农业经营提供场地支持，而且是学生的实习基地，农业实习部的实习生在此学习、劳作，开展农业实习。图书馆和医院的设置虽然规模有限，但对当地乡村建设事业的发展及教育、医疗水平的提高具有重要作用。诚然，河南村治学院的基础设施建设水平有限，与同期国内的国立高等院校基础设施建设还有很大差距，但作为乡村教育实验的一种有效尝试，其注重开展基础设施建设的理念与实践在乡村建设运动中是非常具有前瞻性的。

学生学习规章及相关制度干预或调控是学校管理的重要方面，也是发挥教育性力量的显著表征。《河南村治学院学则及课程》对师生的作息时间、文体活动等公共生活秩序作了合理的规定，确保了村治教育实验的正常开展和有

[1] 梁漱溟：《河南村治学院组织大纲》，中国人民政治协商会议河南省委员会文史资料研究委员会编：《河南文史资料》（第二十辑），豫刊证字第16号 1986年版，第6页。

序进行。河南村治学院没有寒暑假期和周末，在办学期间所有在学院内住宿的教师和学生必须遵守公共生活秩序。学生每日的生活作息划分为两个阶段，分别是昼作阶段和夜息阶段。"自早五时起，迄晚八时五十分止，为昼作段。晚八时五十分以后，至翌日早五时，为夜息段。届昼作段，鸣钟起床，届夜息段，鸣钟休息，不得后时。"[1]而学生起床的时间根据季节的变化也有所不同。"前项起床休息之规定，于每年一月、二月及十一月、十二月四个月内，均各延迟一时，即以早时六时鸣钟起床，晚九时五十分鸣钟休息。"[2]

学生起床后有二十分钟盥漱时间，之后要到学院礼堂集合进行朝会。朝会是村治学院教师和学生必须参加的一项集体活动。"朝会规定三十分钟，自院长以次各教职员，有诰诚勖勉于同人及学生者，于此致词。院务办公处及各部馆院，有应提示或报告于众者，于此致词。时间不足，得延长之。"[3] 在规定的时间内，老师和学生进行静默和反思，之后将自己所悟的心得体会与众人分享，这种静默与反思的教学方式与宋明理学静默以悟道的方式十分相似，它实际上是对复兴宋明讲学之风的一种实践。梁漱溟多年办学大都率领学生作朝会，这种教学活动最早可以追溯到1925年，彼时梁漱溟曹州办学遭遇失败，返回北京与其学生及朋友共同居住，探究学问，通过朝会的方式共勉互进，讲求策励。他认为朝会可使人受益良多，可增进教师与学生的良好关系，促进师生心性的修养和品德的提高。他在《东西方文化及其哲学》一书中提倡："如宋明人那样再创讲学之风，以孔颜的人生为现在的青年解决他烦闷的人生问

---

[1] 梁漱溟：《河南村治学院学则及课程》，中国人民政治协商会议河南省委员会文史资料研究委员会编：《河南文史资料》（第二十辑），豫刊证字第16号 1986年版，第11页。

[2] 梁漱溟：《河南村治学院学则及课程》，中国人民政治协商会议河南省委员会文史资料研究委员会编：《河南文史资料》（第二十辑），豫刊证字第16号 1986年版，第11页。

[3] 梁漱溟：《河南村治学院学则及课程》，中国人民政治协商会议河南省委员会文史资料研究委员会编：《河南文史资料》（第二十辑），豫刊证字第16号 1986年版，第11页。

题,一个个替他开出一条路来。"[1]可见,朝会是复兴古人教学的一种教学活动,注重通过静默的方式引发教师与学生的反省之念,进而开辟出一条解决问题之路。

朝会之后,全体学生须到体育场集合,练习健身拳术三十分钟。"习拳术后二十分钟,在食堂早餐。午餐应定在正午十二时至一时之间,晚餐应定在晚五时至六时之间。凡本院职员,均须与学生同席共餐,教员得听其便。"[2]这表明村治学院实行严格的制度化管理,师生的起床、朝会、习拳、进餐等院内公共生活都有严格的规定。

河南村治教育实验根据河南当地乡村的实际情况开展,具有一定的灵活性和针对性。例如,学院实行独特的休假制度,不设寒暑假及星期例假,而是根据农业劳作的季节时令安排假期。"一般学校之寒暑假期星期例假,实为沿袭西洋人生活习惯,在教育上初无何等意义,识者因己议之。本院在养成乡村人才,于此不合农业社会之习惯,应予矫正,又结业期促,亟须爱惜时光,故决为废除之规定。"[3]

在学业待遇与结业服务方面,河南村治学院学生在学期间享有一定的待遇,学生的伙食、住宿由学院统一安排。"本院学生,除前第十条所规定外省附学者外,一律由院供给膳宿,并每年发给单棉制服各一套,理发沐浴,亦由本院设备。"[4]另外,村治学院教学各部所用讲义由学院统一免费发放,其他学习用具则由学生自备。"本院教学,注重讨论、研究及实习,其各科间有提

---

[1] 梁漱溟:《东西方文化及其哲学》,中国文化书院学术委员会编:《梁漱溟全集》第一卷,济南:山东人民出版社2005年版,第539页。

[2] 梁漱溟:《河南村治学院学则及课程》,中国人民政治协商会议河南省委员会文史资料研究委员会编:《河南文史资料》(第二十辑),豫刊证字第16号1986年版,第11页。

[3] 梁漱溟:《河南村治学院学则及课程》,中国人民政治协商会议河南省委员会文史资料研究委员会编:《河南文史资料》(第二十辑),豫刊证字第16号1986年版,第12页。

[4] 梁漱溟:《河南村治学院学则及课程》,中国人民政治协商会议河南省委员会文史资料研究委员会编:《河南文史资料》(第二十辑),豫刊证字第16号1986年版,第9~10页。

1930年10月，因蒋、冯、阎中原大战，河南村治学院被迫结束。1931年初，受山东省主席韩复榘邀请，梁漱溟与原村治学院主要人员到山东创办"山东乡村建设研究院"，继续从事乡村建设事业。图为山东乡建研究院院部大门。

纲等，由院编印发给，不征讲义费外，所有参考书籍笔墨纸张等，该归学生自备。"[1]

河南村治学院对学生结业有严格规定："凡学生结业，必须具有解决乡村各种问题之知识能力，及勤劳奋勉之精神，乃副初旨。其有修业期满，而不足以副此者，本院得缓予结业，或不予分派服务。"[2]而不能遵守要求的毕业生则要受到一定程度的惩罚："本院学生，未经结业，中途自请退学者，或因重大过犯开除学籍者，应追偿其修业期间膳宿服装各费。"[3]学生毕业后，村治学院对合格毕业生分配工作，把不同部门的学生分派到不同的工作单位。

河南村治学院出于对培养乡村自治及建设人才紧迫性及其社会意义的高度认识，对学生入学后的学习及生活给予充分保障，学生的结业也有服务农村社会领域或部门工作的定向性安排，同时允许部分毕业生自主就业，这对办学的有序稳定及质量都有促进作用。但是，这样的计划设计显然带有理想主义

[1] 梁漱溟：《河南村治学院学则及课程》，中国人民政治协商会议河南省委员会文史资料研究委员会编：《河南文史资料》（第二十辑），豫刊证字第16号 1986年版，第10页。
[2] 梁漱溟：《河南村治学院学则及课程》，中国人民政治协商会议河南省委员会文史资料研究委员会编：《河南文史资料》（第二十辑），豫刊证字第16号 1986年版，第10页。
[3] 梁漱溟：《河南村治学院学则及课程》，中国人民政治协商会议河南省委员会文史资料研究委员会编：《河南文史资料》（第二十辑），豫刊证字第16号 1986年版，第10页。

的成分,对教育经费需求量的加大,自然形成对办学持续性的经济压力。1930年,中原大战爆发,是年10月,在蒋介石、张学良的联手进攻下,阎锡山、冯玉祥联军溃败,冯玉祥下野,阎锡山避走大连。河南村治学院受此影响被迫停办,导致河南村治教育实验失去了赖以开展的平台而不得不宣告终结。河南村治学院匆忙停办,其直接或最主要的原因,或许归诸军阀之间的战争,即中原大战导致的社会混乱和危机,但是也与办学经费筹集不畅、河南省政府部门间推诿敷衍经费拨付、直至降低款额,有着更密切的关系。

梁漱溟主持河南村治教育实验并不是单一地采用学校教育模式,其教育实验的运行机制为学校教育,但其实验内容中加入了若干社会教育元素。例如,河南村治学院建立农场作为农业实习基地,成立农业实习部注重开展农业实习;教学各部开设军事训练、拳术等村民自卫常识及技能训练课程;农村组织训练部组织师生积极参加社会调查、巡回演讲等乡村社会活动;农林警察训练部开设园艺、畜产等农林知识及技能训练课程等,这些内容都带有明显的社会教育色彩,在一定程度上弥补了学校教育的不足。总之,梁漱溟等人成功地将社会教育的内容及组织特点融入到村治学院的日常教学与管理中,从而使学校教育与社会教育有机结合,开辟了独特的大教育模式。

河南村治教育实验终止后,梁漱溟只好返回北京继续负责《村治月刊》的编辑工作。然而,"山重水复疑无路,柳暗花明又一村",不久,他便迎来了再次开展乡村教育实验的契机。此时韩复榘赴任山东省政府主席,他邀请梁漱溟等人到山东继续开展村治教育实验。梁漱溟经过考虑后决定前往山东,"同仁协议不延用'村治'或'乡治'名词而改称'乡村建设'。于是成立山东乡村建设研究院,选定邹平县为其实验区,于1931年初开始工作"[1]。虽然名称不同,但

---

[1] 梁漱溟:《我致力乡村运动的回忆和反省》,中国文化书院学术委员会编:《梁漱溟全集》第七卷,山东人民出版社2005年版,第425页。

二者都采用教育实验的形式，从农村入手探寻解决中国问题之路，因此，河南村治教育实验能够为山东邹平乡村教育实验提供宝贵经验与借鉴。

　　山东邹平乡村教育实验确实在很大程度上继承和发展了河南村治教育实验，其主要人员在起初也大都来自村治学院。梁漱溟、梁仲华、王柄程等人不仅是河南村治教育实验的核心人物，而且是山东邹平乡村教育事业的骨干力量。他们在河南村治学院分别担任教务长、副院长和总务长职务，在开展村治教育实践过程中积累了宝贵的经验，为开展山东邹平乡村教育实验奠定了坚实基础。除了这些领导者，河南村治学院培养的一批优秀学生也加入了山东乡村教育事业，他们在山东乡村教育实验过程中扮演了重要角色。河南村治教育实验终结后，这些学生组建了河南村治学院同学会，由王柄程带领在河南汲县继续开展各种活动，致力于乡村改造与建设事业，从而达到改善农民生活、巩固地方自卫、增加农业生产的目的。这些学生在村治学院收获理论知识，又在同学会培养实践能力，这些都为他们成为山东邹平乡村建设事业的骨干力量创造了重要条件。此外，梁漱溟亲自制定的《山东乡村建设研究院设立旨趣书与办法概要》是山东邹平乡村教育实验的纲领性文件，它吸收和借鉴了河南村治教育实验的成功经验，在运行机制、办学模式、教学理念以及课程设置等方面汲取了河南村治教育实验的成功之处，并且在此基础上对其不足之处进行完善和调整，使其成为全国乡村建设事业的典范与表率。

七　山东邹平乡村教育实验（上）

20世纪30年代邹平县一隅。

　　1931年6月，山东乡村建设研究院成立，长达七年的乡村建设实验工作由此开始。1933年1月，梁漱溟主持创设"邹平县政实验县"，进行了一场集政治、经济、文化为一体的综合教育改革实验。该实验通过在乡村实行学校教育与社会教育的多种组织形式，来维护受到冲击的原有秩序，在乡村教育内容、组织形式、课程、方法、培养目标等方面进行具有特色的设计，对民国时期的乡村建设运动作了全面探讨，创立了乡建运动中名震一时的"邹平模式"。

山东邹平时期，梁漱溟和乡村建设研究院的工作人员在一起。前排左二为梁漱溟。

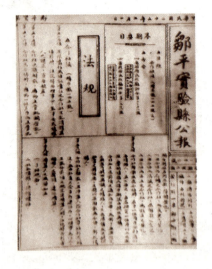

乡村建设研究院于1932年创办的《邹平实验县公报》，报纸隔日一张，内容主要为国内外和本省、本县的重要信息。

文化改造理论与乡村教育实验

　　与陶行知等从改革学校教育特别是教学中存在的弊端为出发点不同，梁漱溟以"中国文化失调和重建理论"为依据，基于中国社会困境的出路探寻而转向乡村建设与教育的实验，更带有社会化及整体性的一面。"我心中的问题，归纳起来主要的不外两个：人生问题与社会问题（中国问题）。我早自少年时期对人生问题有过烦闷，有过追求。而当我是一个中学生的时候，又对社会问题——处于危亡之中的中国如何自救图存十分关心。"[1]

　　在梁漱溟看来，中国社会问题是一个文化的改造问题。自清道光、同治年间（1821～1861）开始的近百年历史，可以说是一部乡村破坏史，主要原因就是西方文化传入后，中国传统文化抵御不了，为了求生存，只好向西方学习；但中西文化不同，中国文化的特征是乡村文化，而西方文化是一种都市文化。这种

---

　　[1] 梁漱溟：《梁漱溟学术精华·自序》，北京师范大学出版社1980年版，第2页。

文化的冲突，最终导致了中国文化的日趋崩溃，即中国乡村的破坏，完全是由于中国文化的改变和破坏。由此，他主张通过一个全新的文化建设来拯救陷入水深火热之中的农村，用他本人的话说，"乡村建设"包含两层意思："一因乡村破坏而有救济乡村之意；二因中国文化要变而有创造文化之意。"乡村建设运动就是"从创造新文化上来救活旧农村"[1]。"从我所要作的社会运动看去，正是一种最实在的文化运动。我的乡治主张正是切就政治问题经济问题，而为人生大道的指点。"[2]

　　梁漱溟由文化的讨论进一步深入到对中国社会组织结构的探讨，认为一个社会的文化要以其社会组织构造为骨干，中国既不同于西洋近代"个人本位、阶级竞争"的资本主义社会，也不像俄国那样的社会主义社会，而是一个"伦理本位、职业分立"的社会。所谓"伦理本位"，就是指人与人之间的关系没有阶级利益的冲突，整个社会受着"伦理关系（情谊关系）""义务关系"的支配，讲"礼让"，重"不争"。这种关系始于家庭，并表现于社会政治、经济的各个方面。所谓"职业分立"，就是在中国只有一行一行不同的职业，而不存在两面对立的阶级。[3] 为士、为农、为工、为商，各有前途可求，而没有阶级之间的对立，既没有贵族与奴隶、资本家与劳工阶级、地主与农民的对立，也没有官与民的对立。从皇帝到芝麻官都是"父母官"，人人平等，人人都有升迁的机会。维持中国的社会秩序，靠的是社会礼俗，重在教化，而不是法律。但自西洋文明输入以后，中国的这种传统组织结构被破坏了，陷入一种"旧辙已破，新轨未立"的境地，这种境地便是文化的失调。"中国的问题并不是什么旁的问题，就是文

---

[1] 梁漱溟：《乡村建设大意》，中国文化书院学术委员会编：《梁漱溟全集》第一卷，山东人民出版社2005年版，第615页。
[2] 梁漱溟：《主编本刊之自白》，中国文化书院学术委员会编：《梁漱溟全集》第五卷，山东人民出版社2005年版，第24页。
[3] 梁漱溟：《乡村建设理论》，中国文化书院学术委员会编：《梁漱溟全集》第二卷，山东人民出版社2005年版，第168～170页。

化失调;——极严重的文化失调,其表现出来的就是社会构造的崩溃,政治上的无办法。"[1]正因为如此,"不从根底上为整个社会重建一新机构的工夫,而只是想消极地消灭军阀,或片面的安设一政治制度(起草中国宪法,讨论民主抑或独裁),都是梦想"[2]。梁漱溟在这里实际上指出了中国问题的关键在社会重建。许多人都认为现代化的任务只是一个制度建设的问题,却没有看到制度底下的社会结构才是制度得以真正建立和良性运转的保证。基于此,中国问题千头万绪,关键在社会构造问题,而文化的改造及重建则是其中的制衡杠杆或内在机制。

梁漱溟说:"自中西两个不同的文化相遇之后,中国文化相形见绌,老文化应付不了新环境,遂不得不改变自己学西洋以求应付西洋……但结果学西洋没有成功,反把自己的老文化破坏了,把乡村破坏了。"所以,现在最要紧的就是得赶快想办法,"创造新文化,救活旧农村","开出新道路,救活老民族",这就叫做"乡村建设"。乡村建设的内容顶要紧的是"改良农业,办合作社,办乡村教育,办乡村自治、乡村自卫等等"。其中,"农民自觉乡村组织是解决乡村问题的基本条件"[3]。新建设的乡村应该是这样的——社会安定、产业兴起、农产增加、达到自治,于社会"只有乡村安定,乃可以安辑流亡;只有乡村产业兴起,可以广收过剩的劳力;只有农产增加,可以增进国富;只有乡村自治当真树立,中国政治才算有基础;只有乡村一般的文化能提高,才算中国社会有进步"[4]。乡村建设的作用即在于以乡村为基点复归中国的理性文化,通过新

---

[1] 梁漱溟:《乡村建设理论》,中国文化书院学术委员会编:《梁漱溟全集》第二卷,山东人民出版社2005年版,第164页。

[2] 梁漱溟:《乡村建设理论》,中国文化书院学术委员会编:《梁漱溟全集》第二卷,山东人民出版社2005年版,第165页。

[3] 梁漱溟:《乡村建设大意》,中国文化书院学术委员会编:《梁漱溟全集》第一卷,山东人民出版社2005年版,第614~615页。

[4] 梁漱溟:《山东乡村建设研究院设立旨趣及办法概要》,中国文化书院学术委员会编:《梁漱溟全集》第五卷,山东人民出版社2005年版,第225页。

的社会组织结构的建立推动整个社会的进步。然而乡村建设又须取径民众教育，才能使得一切有办法。只有通过教育才可以驱除乡村人的愚蔽，这样乡村人受到祸害才能呼喊出来，由此，中国民族的前途才会有希望。

乡村建设即是文化问题，但目的却不只在文化本身，而应是政治、经济、文化诸问题的综合解决，它是"从乡村开端倪，来创造一个新文化，创造一个新社会制度"。乡村建设或乡治不是狭隘的"当今建设事业之一"，而是整个社会自救和重建一个新社会组织构造的要求，"民族自救运动四五十年来再转再变，转变到今日——亦是到最后——的一新方向。这实是与四五十年来全然不同的一新方向"[1]。所以，从事乡村建设运动，就是中国民族自救运动的最后觉悟。

梁漱溟断言："农村兴盛，全个社会才能兴盛；农村得到安定，全个社会才能真安定。设或农村没有新生命，中国也就不能有新生命。我们只能从农村的新生命里来求中国的新生命；却不能希望从中国的新生命里，去求农村的新生命。我的所谓乡治，就是替农村求新生命的方法。"[2]又说："总之，只有乡村有办法，中国才算有办法，无论在经济上、政治上、教育上都是如此。"[3]

在确定了"乡村建设"这条道路之后，就需要找到建设的切入点或曰工具，梁漱溟将教育作为了它的核心津梁，认为担当民族自救的乡村建设运动离不开教育，或者说，运动的本身就是一项教育工程。因为，中国的社会改造实质就是"如何企及现代文明之问题"[4]，就是"融取现代文明以求自身文化之

[1] 梁漱溟：《主编本刊（〈村治〉）之自白》，中国文化书院学术委员会编：《梁漱溟全集》第五卷，山东人民出版社2005年版，第21页。
[2] 梁漱溟：《抱歉—苦痛——一件有兴味的事》，中国文化书院学术委员会编：《梁漱溟全集》第四卷，山东人民出版社2005年版，第840页。
[3] 梁漱溟：《山东乡村建设研究院设立旨趣及办法概要》，中国文化书院学术委员会编：《梁漱溟全集》第五卷，山东人民出版社2005年版，第225页。
[4] 梁漱溟：《社会本位的教育系统草案》，中国文化书院学术委员会编：《梁漱溟全集》第五卷，山东人民出版社2005年版，第401页。

长进"的工夫。"此融取而长进的工夫固明明为一巨大之教育工程,则势且必特有其教育设施而后可。"[1]

那么,什么是梁漱溟所理解的教育呢?"在学校里读书是教育,在家里做活也是教育,朋友中相得的地方是教育,街上人的谈话亦莫不是教育,教育本来是很宽泛的东西。"总之,教育是广义的,凡生活均有教育。这明显是陶行知"生活教育"理论的诠释或解读,杜威实用主义教育的烙印也至为清晰。教育的功用,不外为"绵续文化而求其进步"。换句话说,就是"不使文化失传,不使文化停滞不进"。这种教育功用强大无比,不仅能培养人,传播文化,还可改造社会。"教育的功用,论理说社会上不应当再有暴力革命,因为社会出了毛病,教育即可随时修缮改正,固不待激起暴力革命而使社会扰攘纷乱也!人类社会所以有革命,就因为教育不居于领导地位。"[2]

他又从新的社会组织何以重建角度论述教育的工具力量:"现在已破坏到体无完肤,不堪收拾,非从头建起不可!这一个从头建设的工作,全是教育工作。我们一点一滴的教育,就是一点一滴的建设,一点一滴的建设,无非是一点一滴的教育;只有从一点一滴的教育着手,才可以一点一滴的建设!"[3] 这样,走教育的路,以理性的办法来改造中国,而不是靠暴力"强弄""硬造",所以,中国"天然要走教育的路",教育的路,起点在乡村。乡村建设之道在实行乡村社会教育。"此刻的中国,天然的要着重民众教育,或说社会教育。此民众教育或社会教育,即乡村建设。中国的民众多在乡村,故民众教育即乡村民众教育。中国社会是乡村社会,故社会教育即乡村社会教育。此种教育是很活的,很

---

[1] 梁漱溟:《社会本位的教育系统草案》,中国文化书院学术委员会编:《梁漱溟全集》第五卷,山东人民出版社2005年版,第401页。
[2] 梁漱溟:《社会教育与乡村建设之合流》,中国文化书院学术委员会编:《梁漱溟全集》第五卷,山东人民出版社2005年版,第433~434页。
[3] 梁漱溟:《社会教育与乡村建设之合流》,中国文化书院学术委员会编:《梁漱溟全集》第五卷,山东人民出版社2005年版,第435页。

实际的教育, 此种教育即乡村建设。"[1]

在梁漱溟的论著中, "社会教育"与"民众教育""成人教育"等词很多时候是相通或混同的, 所以在这里我们也不对其加以区分, 因为这可谓是特定历史时期的一种关系模式。梁漱溟将学校教育看作是传统教育, 而把社会教育即民众教育或成人教育视为新兴教育。并指出, 社会的平常时期要以学校教育对少年、儿童实施教育为主, 而在社会的改造期要以成人教育为重, 因为此时着意在创造文化、改造文化, 非延续文化, "所以要创造文化, 故施行成人教育, 施行成人教育即所谓创造文化, 即所谓乡村建设, 即所谓社会教育"[2]。由此可见, 他认为成人教育与社会教育是相通的, 但社会教育的范围明显又大于成人教育。此外, 梁漱溟在《社会本位的教育系统草案》一文中提出的"教育宜放长及于成年乃至终身"的原则, 是颇具前瞻性的观点, 用现在的话说就是终身教育。在提出终身教育理念的同时, 他从心理学、社会学的角度探讨了终身学习的可能性与必要性, 例如援引了桑代克关于"成人与学习"研究的成果, 认为人类与生俱来的学习能力并不局限于未成熟期, 而是贯穿于人的一生。以个体对社会发展的需求、适应性道出了终身学习的价值: "现代生活日益繁复, 人生所需要学习者, 随以倍增, 卒非集中童年一期所得尽学, 由此而教育延及成人之趋势, 日渐重迫。""以现代文化进步社会变迁之速, 若学习于早, 俟后过时即不适用; 其势非时时不断以学之不可。"[3]他在乡村建设中实施的成人教育便是推行终身教育的途径, 并注意与社会生活结合, 培养成人的职业能力, 以谋求教育改革与经济提升的双赢。

---

[1] 梁漱溟:《社会教育与乡村建设之合流》, 中国文化书院学术委员会编:《梁漱溟全集》第五卷, 山东人民出版社2005年版, 第436~437页。
[2] 梁漱溟:《社会教育与乡村建设之合流》, 中国文化书院学术委员会编:《梁漱溟全集》第五卷, 山东人民出版社2005年版, 第436页。
[3] 梁漱溟:《社会本位的教育系统草案》, 中国文化书院学术委员会编:《梁漱溟全集》第五卷, 山东人民出版社2005年版, 第396页。

梁漱溟认为，民众教育、社会教育都是乡村建设的方法。"吾人今日所从事之工作，从目的说为乡村建设，从方法说系民众教育。此种工作全属在文化建造上做工夫，其结果可以解决中国问题，使中国无问题可言。"[1] 并强调民众教育不用在乡村建设上必然落空，乡村建设不采用民众教育将不得成功。民众教育可以连通知识分子与乡村民众，知识分子领导农民、建设乡村都必须依赖民众教育。民众教育是革命中的知识分子与乡村居民这一社会潜伏之大力量打拼在一起并拖引他们上来的方法。

在论述社会教育与乡村建设时，他阐述了两者的关系：

教育界之趋向社会教育，社会教育之趋向乡村建设，正为他们渐渐看清他们必须负担的大工程——建设新社会，完成革命的工程。而我们呢，起初倒认清了这目标——所谓乡村自治、乡村建设，其意义正是社会新机构，生活新方式——而没认清这方法——社会教育，直待动手作起来，方始认清自己所作所为原无非社会教育，而且往前作时将更非清楚明刻地取径于教育不可。[2]

所以，社会教育也是梁漱溟进行乡村建设的方法，在此层面上，社会教育与民众教育是可以混同的，而在具体选项中，梁漱溟更多是以民众作为教育主体力量及作用对象的民众教育来分析乡村建设中的教育问题。

总而言之，梁漱溟的教育社会观主要渗透在他的乡村建设理论中，而以乡村教育为核心的乡村建设理论又是建立在对中国问题的认识和判断上。他认为中国问题的根本是文化的失调，而解决该问题又必须从这一根本入手，由此他将落

---

[1] 梁漱溟：《民众教育何以能救中国？》，中国文化书院学术委员会编：《梁漱溟全集》第五卷，山东人民出版社2005年版，第487页。
[2] 梁漱溟：《乡村建设与社会教育》，中国文化书院学术委员会编：《梁漱溟全集》第五卷，山东人民出版社2005年版，第531页。

脚点定在了教育上，即以教育为手段解决中国的社会问题，凭借教育建立一个新的社会构造。但是这个"教育活动"又要回归到中国的乡村，从乡村入手进行一系列的改革。在这场浩大的乡村建设运动中，他提出了很多有关社会改造和教育改革的理论，其中不少具有很强的前瞻性，无论是对于当今的新农村建设还是新一轮基础教育课程改革都是有借鉴和启示意义的。比如，他提倡学校社会化，这与新课改中的教育内容要取材于现实生活不谋而合，并有助于克服教育以读书为重、偏向知识技能一边的偏颇；他主张教育要照顾个体的整个生活，培养个人的社会生产与生活能力，这又与当前教育目标中的全面发展理念相吻合；针对中国各地方社会情形不一的现状，他倡导因地制宜的活教育，这与新课程改革中主张开发地方课程（或乡土课程）及校本课程有异曲同工之妙。

邹平乡村教育实验

梁漱溟在上述思想指导下，开始选取乡村教育实验的实验区。甄选的条件是县城不要太大，不然不好照管，另外实验进展情况要和省政府时常联系，所以最好靠近济南。而当时的邹平县人口不过18万，规模合适；工商业不发达，一向为农村社会；西距济南170里，东南距胶济铁路之周村站35里，城北40里的孙家镇经小清河可西达济南，青岛到周村的汽车穿城而过，水陆交通可谓便利。邹平全境东西43里，南北80里，在山东为第三等县。山水众多，东南土地平沃，于普通农作物外兼有蚕桑；西北地势较高，多植棉。当时拥有耕地约71万亩，肥瘠相差不

梁漱溟选邹平为实验县。

多，土地分配相对平均，没有大地主，民风较淳朴，农民80%至90%务农，86%的土地掌握在自耕农手中。这样，基本符合实验要求的邹平县就被选中了。

　　邹平的乡村教育实验大体可分为两个阶段，1931年3月至1933年7月为第一个阶段，称为乡村建设实验时期，为初级实验阶段，主要为试办乡农学校，做思想发动、培养人才和组织准备工作，并未进行实质的实验。例如，为了使当地农民了解乡村建设的意义，针对小学教师有文化、接受新鲜事物快以及同当地群众关系密切的特点，举办了乡村教师假期讲习班。从1931年9月1日开始，连续举办了两期小学教师讲习班，每期四周，共培训教师400人。讲习班以研究院学者为导师，一方面说明乡村建设情况及实验县区各项实验办法，征求意见；另一方面介绍当时教育思潮，指导改良教学方法。然后把经过培训的教师分配回农村，通过他们把乡村建设思想带回到农村，这为后来研究院和实验县的工作带来了很大的方便。为了让当地农民对乡村建设有感性认识，特别组织举办了农品展览会。1931年10月25日，研究院举办了第一届农品展览会，会期原定三天，后又延期一天，到会参观的农民达4.6万人次，占全县人口的三分之一。1932年10月25日又举办了第二届农品展览会，会期三天，这次的规模远远大于第一次，参加的人员有来自济南、青岛等山东省内二十多个县、市以及河南省部分地区的

1931年第一届农品展览会。

1932年第二届农品展览会。

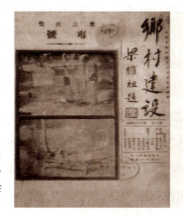

研究院分别于1931年、1932年出版的《乡村建设》"农品展览会专号"。

代表,展品也比上次丰富,相当于第一次的一倍,参观展览会的农民达到5.7万人次。展览内容包括新型农业技术、优良种子、农业设备等。通过举办两次农品展览会,不仅让当地及周边地区的农民了解了外面的世界,增长了知识,同时,也扩大了研究院在当地的影响,为以后推动乡村建设工作带来了方便。[1]

1933年10月至1937年10月为第二个阶段,称为县政实验时期,为高级实验阶段。1932年12月,国民党中央召开全国内政工作会议,梁漱溟和全国其他地区的乡村建设著名人士晏阳初、梁仲华、李景汉等均被邀请出席会议。会议通过县政改革案、地方自治改革案等,要求每个省建立一至四个县的社会政治改进实验区,这些实验区可以不受中央和省政府法规的约束,自由地进行各种形式的乡村改革实验,并且允许实验区截留50%的财政收入作为实验经费。根据会议精神,山东省政府制定了山东省县政建设研究院实验区条例11条和实验区

---

[1] 王景新、鲁可荣、刘重来编著:《民国乡村建设思想研究》,中国社会科学出版社2013年版,第83~84页。

条例实施办法20条，先后将邹平、菏泽、济宁划为实验区。据此，实验区由原来的"乡村建设实验区"改称为"县政建设实验区"，来进行县以下地方自治的实验以及社会改进实验。[1]主要是按照乡村建设理论及试验计划推行实验，开办村学、乡学是其中的核心项目。

对于前后两个阶段的转变及工作内容差异，梁漱溟自己的叙述尤为明晰：第二个阶段的工作，同以前的工作有两点不同，第一我们注重实验工作不注重训练工作。从前注重训练工作，培养到乡村服务的人员，现在政府既然给我们这一好机会，我们就把训练工作暂停一年，将院内所有的教师暨毕业的学生通统分配在邹平、菏泽两县的乡间工作。我们的工作最初注重训练，现在不甚注重训练了，这是一个变动。还有一个变动，就是所谓实验区工作的内容也与以前不同了。以前只是想从这个社会的改进，渐渐地达到乡村建设，对于行政改

梁漱溟在山东邹平推行县政改革，为消除"公文旅行"的积弊，在县政府设立联合办公室。

---

[1] 王景新、鲁可荣、刘重来编著：《民国乡村建设思想研究》，中国社会科学出版社2013年版，第84页。

革没有包含在内，这时我们有机会来作，而事实上也要求作，因为乡村种种事情，实在是与县政的关系太密切了。[1]

梁漱溟此时所设计的乡村建设方案具体内容可以分为三个方面：

1934年，梁漱溟接任山东乡村建设研究院（邹平）院长，留影于办公室前。

经济一面，政治一面，教育或文化一面。虽分三面，实际不出乡村生活的一回事；故建设从何方入手，均可达于其他两面。例如从政治方面入手，先组成乡村自治体；由此自治体去办教育，去谋经济上一切改进，亦未尝不很顺的；或从教育入手，由教育去促成政治组织，去指导农业改良等经济一面的事，亦可以行。但照天然的顺序，则经济为先，必经济上进展一步，而后才有政治改进教育改进的需要，亦才有作政治改进教育改进的可能。如其不然，需要不到，可能性不够，终是生强的作法。我们从事乡村建设，原是作促进社会进步的工夫，固不能待其天然自进；然于此中相因相待之理不知留意，建设必将无功。[2]

这里所构想的通过"教育或文化"工作努力达到政治、经济的改进成为乡村教育实验综合化的特征，而其中又突出经济建设之于政治进步、教育文化发达的先决条件或基础作用，表明梁漱溟关于社会改革思想已由道德伦理文化

[1] 梁漱溟：《我们在山东的工作》，中国文化书院学术委员会编：《梁漱溟全集》第五卷，山东人民出版社2005年版，第1014页。
[2] 梁漱溟：《山东乡村建设研究院设立旨趣及办法概要》，中国文化书院学术委员会编：《梁漱溟全集》第五卷，山东人民出版社2005年版，第227~228页。

精神向产业技术、经济资本方向调整、转移，这是一种富有现实性的进步。

　　乡农教育是梁漱溟乡村教育实验的标签，也是特征或符号。其实，围绕乡村建设开展的办学实践活动是一个逐步演进的过程，大致以邹平实验县1933年的成立为分水岭，前期的典型为乡农学校，后期则包括村学、乡学、师范学校以及一系列的社会化培训机构。根据当时中国乡村的实际情况，梁漱溟把乡农学校、村学、乡学作为推行乡村建设的基本组织形式。乡农学校是他前期的实验机构，先在菏泽县试点，后来推行到济宁等14个县的实验区。村学、乡学是他在邹平实验时采用的实验体制；从乡农学校到村学、乡学，从组织形式上看并无本质差异，但社会教育与学校教育的结合以及初等教育与民众教育的联系则更多地从村学、乡学中得以实现，成为后期教育进入乡村社会、学校融入社会改造的主要模式或组织机制。

　　乡农学校教育是广义的，无论是教育对象，还是课程内容，均不限于学校式教育。从教育对象上看，是以成年农民为主要对象，兼及儿童和青年；从课程内容上看，将学校式教育与社会式教育相结合，并且先从平淡处入手，即从做日常工作入手，学习识字、唱歌、讲话等功课。梁漱溟将乡农学校课程分为恒常与特殊两大类，恒常的课程是各乡农学校所同有的，在高级部设有："党义"、精神陶炼、国学、史地、自卫、农业问题等，在初级部设有："党义"、精神陶炼、识字、史地、歌乐、国术等；特殊的课程按当地的需要和问题而设，因时因地制宜。例如：六、七区设凿井；二区设造林；二、三区设蚕桑；五区设自卫；七区设机织等课。显然，梁漱溟把科技知识技能、职业技术教育作为其乡农教育的组成部分。但从总体方案及乡村建设与教育的实践而论，显然偏重于传统文化知识、伦理道德、卫生医疗、社会历史以及乡村具体领域组织管理等内容，这不仅是梁漱溟自身新儒学人文主义教育特色使然，而且是他取经、借镜，甚至推崇丹麦农村教育的必然取向。

山东乡村建设研究院

梁漱溟设想的乡村建设的具体步骤是：由乡村建设运动者通过政教合一的乡农学校组织，以及后来在内容与形式上加以变通调整后的村学、乡学等教育机构对青少年、农民实施精神陶炼、自卫训练和生产知识教育，以推进整个乡村社会的改良。因此，乡村建设面临的首要问题便是设立一个专门机构用于培养乡村建设运动领袖、骨干分子以及服务人员，然后再由他们去教育培养新型农民及其子弟，故而梁漱溟于1931年6月首先成立了山东乡村建设研究院来承担这一任务。

与在河南村治学院时的情况相类似，梁漱溟在山东乡村建设研究院创办之初，虽然不负主要和最高的行政责任，但由于他具有思想家的性格和行为方式，实际依然是研究院的灵魂人物，办院的原则与章程不仅大都出自他的手笔，而且在相当程度上也确实体现了他的教育思想和办学理念。

据1933年梁漱溟在《山东乡村建设研究院设立旨趣及办法概要》一文中的设计，山东乡村建设研究院一要负责研究乡村建设问题，二要指导乡村建设的实施。研究院的内部组织主要分为三块：乡村建设研究部、乡村服务人员训练部和实施乡村建设的实验县区，其他相关的设施和组织包括农场、医院、图书馆、社会调查部和邹平师范学校。设院长、副院长各一人，下设总务处，掌管行政事务。新建阶段由梁仲华担任院长，孙则让任副院长，叶云表任总务主任。

其中，乡村建设研究部是制定政策和计划的机构，梁漱溟担任研究部主任一职，亲自讲授乡建理论和负责研究指导。1931年6月第一次招生，限招30名，

梁漱溟为山东乡村
建设研究院题字。

《山东乡村建设研究院概览》书
影，1935年由邹平乡村书店出版。

对象为大学毕业生或同等学力者，生源户籍限于山东本省，外省学子可自费入学，但名额不能超过本部学生的十分之一。学制两年，学生学习期间的膳宿由研究院负责，并提供制服，每月还给予津贴十元。乡村建设研究部的任务有两项：一是普遍提倡具体研究，以为学术界开风气；二是要具体规划本省各地方的乡村建设方案。[1]目标是培养高级乡村建设干部，毕业后分配到实验县任县府科长、乡指导员等。研究程序是"先作一种基本研究：那便是乡村建设根本理论的研究。次则为专科研究，随各人以往学识根柢的不同，和现在兴趣注意的不同，而自行认定一科或数科研究之"[2]。学生先进行乡村建设理论培

---

[1] 梁漱溟：《山东乡村建设研究院设立旨趣及办法概要》，中国文化书院学术委员会编：《梁漱溟全集》第五卷，山东人民出版社2005年版，第232页。
[2] 梁漱溟：《山东乡村建设研究院设立旨趣及办法概要》，中国文化书院学术委员会编：《梁漱溟全集》第五卷，山东人民出版社2005年版，第233页。

山东乡村建设研究院的大门。　　　　　梁漱溟所题"乡村建设"。

训，主要是学习梁漱溟的乡建思想、社会进化论、"党义"、军事训练等，然后开始探讨，可以根据自己的基础或兴趣选择一科或数科，例如农业改良、农村经济、产业合作、乡村教育、乡村自治、乡村自卫等科目。但是，科目的认定必须得到研究部主任的认可，作业的进行须听从部主任及教师的指导。研究部采用导师制，在全国大学里聘请特约导师担任指导工作，除必要外，极少使用讲授法授课，主要使用个别谈话或集体讨论的教学方式。学生在导师的指导下自学讨论，以更多的时间在乡下实习，将实践中的问题带回来，提出解决办法，毕业时以论文形式提交研究成果，作为考核标准。研究部前后办了三期，共毕业五六十人，其中大部分留本院或实验区工作。

　　乡村服务人员训练部则负责培养预备到乡村服务的人才，即乡村建设基层工作干部，学制一年，由陈亚三担任训练部主任。训练部的生源主要是"就地取材"，需要满足三个条件：一是世代居乡，至今仍在乡村居住的，这样的学生不仅熟悉乡村情形,而且保持着乡村习惯,容易和村民打成一片,有利于乡建工作的开展;二是具有初中文化程度,有知识,有运用文字的能力,可以为公众服务;三是年纪在20～35岁之间,年富力强而且比较稳重。招生覆盖全省,限每县10～20人,邹平名额较多。训练部的招生工作特别仔细,由招考委员会分组出发到预先决定招生的县进行宣传,然后分区就地进行考试。训练部自成立以来都是公费制度,限于本省户籍,外省人若求学可以自费旁听。到1935年的时候,由于前来求学旁听的人很多,梁漱溟对训练部的招生和学制作出两项调整:一是训练部招生不再限制省籍,取消公费制度,一律改为自费,另外设立奖学金补助贫寒学生;二是根据投考学生的学历,将学制改为一年制和两年制两种。高中或师范毕业者训练一年,初中及同等学力者训练两年。远道而来求学的有河南、广西、湖南、浙江等地的学生,一方面是因为受国内乡村建设热潮的影响,另一方面也是因为山东乡村建设研究院声名在外。

训练部以40名学生为一班,每班配班主任和助教各一名,各班主任上有部主任负责管理。班主任的"指导照管"是训练的中心,"指导照管"涵盖的内容很多,比如学生精神的陶炼、学生学识的增益、学生身体的锻炼、改阅学生日记等等。因为这些工作要求,便有了班主任"应与学生同起居共饮食""以时常聚处为原则"的规定。训练部各班学生成立自治团,在班主任的指导下自行办理教务、庶务、卫生清洁等事。

训练部的一年课程期里是没有假期的,星期例假、纪念节假和寒暑假一概不休息。一是因为功课多而学制短;二是因为梁漱溟认为既然是培养乡村人才,就要合乎乡村社会的习惯,乡村是没有放假停工这一说的。研究部排定公共生活时序表,午前、午后、晚间三个作业段共八个小时。何时起床、盥洗、朝会、就餐、作业等等,通通遵循该表。所谓作业,不全是讲课读书,尤其在周日多安排院外活动,如野外操练、巡回讲演、乡村调查等。

　　训练部的学生要先接受三项训练然后才能转入正常学习。这三项训练是：实际服务的精神陶炼、从事乡村建设的实际知识教育、解决乡村实际问题的基本能力教育。按梁漱溟自己的说法："（一）实际服务之精神陶炼。——要打动他的心肝，鼓舞他的志趣，锻炼他吃苦耐劳、坚忍不拔的精神；尤其要紧的，是教以谦抑宽和处己待人之道。（二）为认识了解各种实际问题之知识上的开益。——非有一番开益其知识的工夫，则于各种实际问题恐尚不易认识了解。（三）为应付解决各种实际问题之技能上的指授。——例如办公事的应用文，办合作的应用记事簿，办自卫的军事训练等。必须受过了这三项训练，而后乡村服务人才的条件才得以完具。"

　　为了实现这三项训练，训练部的课程安排有：（1）"党义"之研究：概括三民主义、建国大纲、建国方略，及其他等目。（2）乡村服务人才之精神陶炼。（3）村民自卫之常识及技能之训练：概括自卫问题研究、军事训练、拳术，及其他等目。（4）乡村经济方面之问题研究：概括经济学大意、农村经济、信用生产消费各项合作、簿记、社会调查及统计、农业常识及技术、农产制造、水利、造林，及其他等目。（5）乡村政治方面之问题研究：概括政治学大意、现行法令、公文程式、乡村自治组织、乡村教育、户籍土地各登记、公安、卫生、筑路、风俗改良，及其他等目。[1] 其中《乡村建设理论》是一门主课，每周一到二次，每次一个小时左右。上课时两三个班集中在研究院大礼堂里，

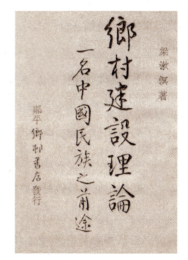

梁漱溟关于乡村建设的重要著作。

---

[1] 梁漱溟：《山东乡村建设研究院设立旨趣及办法概要》，中国文化书院学术委员会编：《梁漱溟全集》第五卷，山东人民出版社2005年版，第234～235页。

由梁漱溟亲自主讲。"梁先生讲课语调较慢，很清楚。每次讲完，我们对梁先生的见解、主张都很赞成。"[1]

训练部特别重视学生的思想道德教育，学生每人发一个笔记本，每天记一篇，记日记也是一门主课，由班主任批阅。训练部还比较重视军事课，从部队请来教官，每周至少三次军训。训练部对学生的生活也有严格要求，要求学生艰苦朴素，合乎民风，不许穿好的衣服，也不许留长发。目的是为了先从形式上和农民沟通关系，便于将来乡村工作的开展。

按照梁漱溟以前的"班长制"，学生分成一些小组，每个小组有自己的班主任。每一个小组作为一个自我管理的团体在一起生活、学习和工作，几乎没有在一起娱乐的机会，梁漱溟的儒式职业习惯根本没有考虑到星期日或休假日。每天的生活从上午五点半开始就被一个安排得很紧的，严肃得如同修道院的时间表支配着以进行有目的的活动。此外，每个学生还被要求作日记，对他的工作、周围环境及他本人作出考察和反省。这种日记要定期上交给班主任进行检查。

每天拂晓，全校师生在天还没亮时就集合在一起做一段时间的静思。梁漱溟或其他教师做一段"朝话"，这种朝话是进一步思考的材料。梁漱溟希望通过这种体验方式把学生锻炼成为研究院解决山东农村问题的合乎需要的坚强先锋。他们将习惯于在无亲属关系的集体中生活和工作，习惯于艰苦的劳作，明了自己工作的深远意义，满怀儒者的热忱去发挥道德影响。[2]

---

[1] 刘浡斋：《我在研究院训练部学习和从事乡建活动的经过》，山东省政协文史资料委员会、邹平县政协文史资料委员会编：《梁漱溟与山东乡村建设》，山东人民出版社1991年版，第58页。

[2] [美]艾恺：《最后的儒家——梁漱溟与中国现代化的两难》，江苏人民出版社2003年版，第176页。

训练部从1931年夏至1935年10月，共举办三期，为全省107县共培养乡建实施人才1040人。另据1937年的统计，研究院与所属实验区，共培养、训练学生累计达3000多人。[1] 学员结业后，绝大部分返回原籍充任各乡县乡村建设基层工作干部。1936年，研究院的训练部纳入师范教育体系，改成"山东省第一乡村建设师范学校"，菏泽分院与原有的省立第五师范合并，改称"山东省第二乡村建设师范学校"。

此外，研究院还在邹平城郊黄山西北角的德国天主教堂一带开辟了一座农场，内设田艺、园艺、畜牧、养蚕和兽医五个组，还建了一个酱油厂，用以对大豆深加工。农场制定周详的计划，开展种猪、鸡种、蚕业改良设计和美棉推广设计。于鲁溪（山东淄川县人，金陵大学农科毕业）任场长，之后乔礼卿任场长。农场的主要工作是畜牧、育种、试种美棉、美烟等，并负责指导组织"梁邹美棉

农场全景。

[1] 宋恩荣：《梁漱溟的乡村教育实验》，载《教育研究与实验》1988年第2期。

运销合作社"及棉花打包厂。农场主要任务是指导改良农业，发展农村副业，推广实验经验，繁荣农村经济，同时为学生在农场进行各项农业实习提供条件，训练部有关农业常识及技术课程，就由农场主任及技术人员担任。农场积极培育优良品种进行实验推广，谋求生产工艺及技术的改进，在一定范围内受到了农民的欢迎，既加深了他们对乡村建设研究院的认识，也使农民获得了一些农业科学技术知识。

当年在山东邹平，研究院推广畜牧业良种，此为养鸡场。

梁邹美棉运销合作社总社。右为大门，左为守望楼和后门。

乡农学校

　　山东乡村建设研究院是研究农村经济建设等问题的学术研究机构，学术要变成现实，必须靠实验区来实验推行。山东省政府在该研究院成立之时就把山东邹平划为乡村建设实验区，一切事情隶属研究院，有关乡建的各项政策措施都在此加以实验，实验区是梁漱溟乡村建设理论的实践基地，其既是专供学生实习乡村建设实际工作的场所，也是乡村建设的示范区域。根据当时中国乡村的实际情况，梁漱溟把乡农学校、村学、乡学作为推行乡村建设的基本组织形式。乡农学校主要是他前期的实验机构，先在菏泽县试点，逐渐推行到济宁等14个县的实验区，在邹平县政建设实验时仍有局部延续。

　　乡村建设训练部培养了大批乡建人员，那么，他们回乡后如何服务？与各县建设实施又是什么关系呢？梁漱溟说办乡农学校最为相宜，即用乡农学校的组织去具体推行乡村建设。"乡农学校就相当于江南一带的乡村改进会或农村改进区；也相当于北方定县的平民学校。不过都不很相同。""我们的办法，是在相当大小范围的乡村社会以内，成立乡农学校。"[1] 但是，"乡农学校不是一个零设置的，此乡校与彼乡校是要有联络的；更重要的是乡校之上须有一个大的团体或机关来指导提携他们进行。这就是说乡校里边的教员（乡村运动者）不是孤单的，他是大的团体分派出去负着使命作新的运动的"。[2] 这个"大的

---

[1] 梁漱溟：《乡农学校的办法及其意义》，中国文化书院学术委员会编：《梁漱溟全集》第五卷，山东人民出版社2005年版，第347页。
[2] 梁漱溟：《乡农学校的办法及其意义》，中国文化书院学术委员会编：《梁漱溟全集》第五卷，山东人民出版社2005年版，第352页。

团体"就是山东乡村建设研究院。乡农学校是梁漱溟实现其乡村建设理论的组织机构，在尚未取得地方自治实验权以前的乡农学校，是一个集政治、经济、教育、军事于一体的组织，在这个组织中，既能使民众享受充分的民主，又可为每一个人提供平等受教育的机会，并且扬弃新老教育中的优点和不足。

乡农学校由三部分人组成：乡村领袖、成年农民和乡村运动者。这三种人在校内的关系是校长、校董、教员和学生。其开办过程大致是：先由研究院结业学生到乡村去，从各地乡村中寻找有声望有力量的人士，通过他们组织乡农学校董事会，董事会聘请当地知识较佳者担任校长，办理招生等一切事宜。所谓学生，则是当地全体民众，至于乡农学校教师，则由研究部结业学生担任。梁漱溟认为通过乡农学校这一包容政治、经济、教育各方面的制度模式，在受过儒家文化教育的一批知识分子指导下，农民群众一定能创造出一种地方自治与经济合作相结合的新型组织体制，使中国文化重光于世。到1932年，邹平县共成立乡农学校91所，学生总数达3996人。

乡农学校开展的教育工作又分学校式教育和社会式教育。学校式教育是指根据需要在乡农学校中分别设立儿童教育部、成人教育部、妇女教育部等；社会式教育则是指通过农业改良、倡办合作事业和风俗整顿等社会改造和社会建设措施来实施广义的教育工程。根据当时中国乡村的实际状况，梁漱溟认为只有通过乡农学校的形式，把乡村组织起来开展自救，才能解决中国乡村存在的种种问题。

乡农学校高级部招生的对象为曾经进过学校受过四至五年教育，年龄在18岁以上的青年人，课程以史地和农村问题为主，目的是培养乡村建设干部人才。史地课程是让他们明白历史的变迁，而有自己所处时代地位的自觉。在梁漱溟看来，非明白历史的变迁，必不会应付现在的环境而创造未来的前途；非从深处认识问题，就不知道问题的来历，得不到解决问题的方法。农村问题课程是让他们从眼前感受种种问题，往深处认识之、了解之。此外，还要对他们进行乡村事业的技术训练，以培养乡村工作的技术能力。

乡村教育应从何处入手呢？在这个问题上，梁漱溟与其他乡村教育领袖见解不同。他既不从扫盲这个提高民众识字率的基本问题入手，也并非立足于促进农业职业教育、改良农业技术方面，而是以"人生行谊教育"为视角切入乡村社会，这也就成为邹平乡农教育模式的主要内容之一。所谓人生行谊教育，就是关于人生态度、品德、道义等的教育。梁漱溟从其生命哲学观出发，认为知识技能是生活的工具，是死的；只有生命本身才是活的。必须以活泼的生命去进求、去运用，而后才能获得知识技能。生命消沉无力，则知识技能一切谈不到；而果得生命活泼，亦自然知所进求运用，正自不难著其功。因而，在他看来，"中国教育除非从此没办法则已，如其有办法，必人生行谊教育之重提，而后其他一切知识技能教育乃得著其功；抑必将始终以人生行谊教育为基点而发达其他知识技能教育焉"。[1]

他坚信在当前剧变的世界中，必须从人生问题上启发指点，使农民从"窘闷消沉"转向"乐生"后，才能谈得上识字运动和农业改良运动。否则，农村各项事业既难以推行，也难以取得成效。就梁漱溟所从事的邹平乡村建设，亦即其邹平教育模式而言，也是以此为出发点的。关于乡村建设运动与人生行谊教育之间的关系，梁氏之门生黄艮庸亦有其真知灼见：

[1] 梁漱溟：《丹麦的教育与我们的教育》，中国文化书院学术委员会编：《梁漱溟全集》第七卷，山东人民出版社2005年版，第679～681页。

人生态度之提醒，乃乡村运动之根本原动力也；此力不活，一切均为死的，政治经济上之实际问题，吾决其无解决之日矣。且吾人之乡村运动，为人类而尽责也，亦为自己性命尽责也……吾愿吾师则以人生态度重提一义为重，而将乡村运动的名称，迳称之为'新人生的运动'，使本末轻重所在，一望了然，而青年人又可从根源处着力耳。

在今日之社会现象，人人穷饿，非衣食足，不能兴礼义，此何待言。然吾人以经济一言以号召天下，吾知其饿者之易易，吾知其能唤醒饿者之起而求食，非能晓起饿者以求生也。苟能唤起饿者以求生，则其道并非经济的可能为力也。其道何由？吾应之曰，厥仍首在教育……今日之教育，应注重人生行谊，使人与人之间，各以其生命相感召，以成吾民族生机之大潮。[1]

由此可见，乡村建设以人生行谊教育为出发点，以唤起乡民的生命活力，成为梁漱溟及其学生的共识，并且成为当时邹平乡建同仁的共识。曾在南京晓庄师范任教，后被梁漱溟要到邹平从事乡农教育的杨效春曾说："乡农教育所指望的，对于乡农是整个的人生教育；对于乡村是整个的社会再造。"[2] 在邹平县印台乡从事乡农学校工作的尹明甫告诫乡农说："不要单看重有形的洋钱，要看重无形的做人的道理。"[3]

从课程设置看，乡农学校的教育内容很丰富，有知识技能教育、人生行谊教育（精神陶炼）、体育、美育及综合教育等。但是，在具体的施教过程中，各项教育内容并非同等并列，人生行谊教育，即道德教育或精神陶炼是教育内容的基点与核心。因为邹平的乡村建设不是一般的乡村建设，

---

[1] 黄艮庸：《黄艮庸先生寄梁漱溟先生书》，《乡村建设》第2卷第17、18期合刊，1933年1月11日。
[2] 杨效春：《乡农教育释义》，《乡村建设》第2卷第9期，1932年10月21日。
[3] 尹明甫：《邹平印台乡农学校报告》，《乡村建设》第2卷第21期，1933年2月21日。

而是一种文化改造、民族复兴。精神陶炼主要包括三方面内容：合理的人生态度与修养方法，人生实际问题的讨论，及对中国历史文化的分析，而这三者皆以"中国民族精神"为核心。梁漱溟指出，要使中国人认识自己，认识自己的民族精神，"人类之所以为人类，在其具有理性；中国古人很早就认识了人类的理性，发挥了人类的理性，所以中国民族虽遇今日之难关而无碍"。[1] 要开发理性，就要大大发扬中国民族精神，而所谓中国民族精神，就是以孔子为代表的儒家的伦理思想。通过思想陶炼和灌输，期冀达到如下目标："启发大家的深心大愿"；"替他从苦闷中找到出路，从彷徨中找到方针，从意兴消沉中仿佛叫他有了兴趣"；"让乡下人活起来，不但使他脱离了迷信与习惯，并且使他脱离了彷徨及苦闷，必如此，农业方可改良，合作社方可组织"。[2]

在教学方式上，乡农学校借鉴陶行知的"小先生制"，创立了"共学团制"，团内设团长、团副及秘书长，均由学生担任。学生按文化程度高低分成两部分，程度高的称"导友"，程度低的称"学友"；导友又分文化导友、政治导友和经济导友三种。每团下设五组（处），每组由三名导友、十到一百名学友合成。教学形式分为直接教学、分组教学和野外教学三种，学习方法采用"自学辅导制"。

山东乡村建设研究院刊行的《乡村建设·乡农学校专号》曾刊文对乡农学校的主要内容及办学特点作了概述："乡农学校是什么？是中国大众的全人教育。我们说'以乡农教育推进乡村建设'，我们的意思是要指明乡村建设与乡农教育是不能分的。乡农教育的目的只有一个——改造乡村生活；

---

[1] 梁漱溟：《精神陶炼要旨》，中国文化书院学术委员会编：《梁漱溟全集》第五卷，山东人民出版社2005年版，第504页。
[2] 梁漱溟：《精神陶炼要旨》，中国文化书院学术委员会编：《梁漱溟全集》第五卷，山东人民出版社2005年版，第499页。

乡农教育的方法也只有一个——去与乡农生活。"乡农教育的内容即围绕这一目标设计，主要包括五个方面：增进学识，即语文教育；扶持健康，即健康教育；学习技能，即职业教育；启发心灵，即品德教育；引导乡农参与并改进社会及文化生活，即公民教育。办学重心在国家方面，旨在"加速普及教育、培养健全国民，实现民本政治，扶植民族生命"。乡农教育针对乡村社会的改造与建设，主要开展的工作有四个方面：改良农业，提倡合作，充实农村经济；扫除文盲，化民成俗，刷新乡村文明；倡导自卫，除暴安良，奠定太平基础；减去乡村阻力，增大乡村势力，使乡建事业的推行突出教育—乡村建设—社会改良的连环。

梁漱溟关于乡农学校的设计方案，尤其是道德精神、社会工作，以及民众生产生活相关的课程计划，体现了他的乡村建设思想与教育理念。

邹平师范学校

梁漱溟在1922年所作的《社会本位的教育系统草案》中构想，要建设一个涵盖村学、乡学、县学、市学、省学、国学的完备教育系统，县学应酌设升学预备部、职业训练部、自由研究部、乡村师范部等，由乡村师范部负责训练区学、乡学教员。在梁漱溟的这个设计中，师范教育并没有作为一个单独的部门独立出来。之后在山东的乡建中，研究院的训练部承担着培养基层教师的任务，几成为村学、乡学教师的主要来源。

1933年，根据梁漱溟"村有村学，乡有乡学，县有县学"的乡村建设思想，设立县学师范部，位于邹平县城南门里路东的孔庙内。梁所讲"县学"，不只"师范部"一个部，还有其他部，因为各方面条件不成熟，其他部并未得到实施。1935年在县学师范部的基础上成立邹平县简易乡村师范学校,张宗麟在1935年8月至1936年春这段时间担任校长一职。"它的创办,开创了邹平办中等普通学校的历史。由此开始,凡取得高小毕业以上文化程度的青少年,不必远去济南求学,或者到办有中学、师范学校的长山、惠民、益都、曲阜等县就读,可以直接就近在本县升学了。"[1]招收的学生很杂,有高中、初中、小学毕业的学生,有本县的也有外地的。邹平简师的活动受乡村建设研究院的制约。1936年春,张宗麟离开邹平后,简师并入乡村建设研究院师范部,后又将师范部并入"山东省第一乡村建设师范学校",成为该校的简师部。

张宗麟在邹平县简易乡村师范学校担任校长时,实施了一系列的改革。张是陶行知的学生,积极提倡"生活即教育、社会即学校""教、学、做合一"的教育思想。因此,他主持下的简师基本承袭晓庄师范学校的做法,取得良好的教学效果,在当时社会上影响很大。同时也为村学、乡学培养了一批初小教员,保证了乡建活动的顺利开展。

张宗麟到任后进行的第一个举措就是改善学校环境。简师位于县城的孔庙里,教育设施简陋。张宗麟带领学生拆除残垣断壁,整修校舍,按他的话说是"把学校打造成花园式学校"。在大家的努力下,整修了两间教室,并开辟出一块空地作为活动场地,筑造大讲台作集会之用,还建了一间办公室,并广植花草树木,学校的面貌焕然一新,一扫过去的古刹气氛。

改革的下一步,张宗麟指向了学校的教学组织方式。他主张实行"道尔顿制",主要的教学方法是讨论。教室内设四张长方形课桌,学生分四

---

[1] 罗琪等:《邹平县简易乡村师范学校师生的抗日救亡活动》,山东省政协文史资料委员会、邹平县政协文史资料委员会编:《梁漱溟与山东乡村建设》,山东人民出版社1991年版,第231页。

张宗麟。

组围坐。上课前各科老师提前告知学习内容，学生先进行自学。课堂上学生经过自学提出问题，师生讨论，最后教师作总结性点评或讲解，再布置必要作业。这种教学方法最大限度地发挥了学生的主观能动性，也能通过讨论产生思想的交流和碰撞，一反过去填鸭式教学的沉闷课堂气氛。

为培养专业人才，简师还采用小组教学的方式，把学生分为文学、数学、史地、理化、教育学、社会学、军事、音乐美术等学习组，对参加各组学习的学生分别提出学习要求，这种方式类似今日的文理分科。如学历史要求弄懂中国农民起义失败的原因、辛亥革命的教训等；学地理要算一算中国还有多少干净土地，帝国主义侵占了我们多少领土；军事组要学会步枪、手枪、手榴弹的使用，学习阵地战、游击战知识，联系露营野餐，学习战地救护。这种组织方式的改变，很快改变了过去死读书的状况，学生的精神面貌发生很大的改变，学习积极性空前高涨。

此外，张宗麟还在学校开设阅览室，里面备有《大众生活》《大众哲学》《铁流》《社会科学》《世界知识》《中日力量对比》《中国农村》之类的进步书籍和刊物，还有《大公报》《中央日报》《邹平实验县报》等报纸，供学生课外阅读,开阔学生视野,丰富学生的精神生活。值得一提的是,这些宣扬进步思想和新知识的书籍报刊,就置于象征中国传统文化的孔庙大成殿上,传统与现代形成了鲜明的对比。

除了常规的课堂教学外,张宗麟还组织部分学生建立"午学共学处"。在附近农村挑选适当的地方,在午饭后,召集村内失学男女儿童或青年,由简师的学生教他们唱歌、识字。若遇秋季水灾,邹平县不少灾民暂居南关、北关和黄山的庙里,张宗麟还设立了十余处共学处教育灾民中的失学儿童,教他们唱歌、识字,直至灾后返乡。

张宗麟还组织一部分高级师生到乡里露营锻炼。带有行军锅煮饭,夜晚宿在帐篷里,大家轮流放哨,白天分组宣传,向群众讲演、教唱歌曲、做社会调查。调查农民生活情况,或调查学龄儿童就学情况,或在老师指导下采集植物标本。这种亲历乡间调查的做法可视作学生的社会实践活动和老师的直观教学活动。

张宗麟早在1927年就加入中国共产党,用梁漱溟的话说,"他的思想偏左",在教学中这种"偏左"的思想渗透在各个方面。比如说鼓励学生阅读进步书籍,亲自教授学生唱进步歌曲《锄头舞歌》《凤阳花鼓》,启发教育学生分辨敌我等。在他的影响下,邹平简师暗涌着一股革命思潮。面对当时日本制造事端,妄图使整个华北"特殊化"的无理要求,邹平简师全体师生举行了大规模的游行示威以反对《何梅协定》,事件结束后,张宗麟辞职离开了邹平。

山东省第一乡村建设师范学校位于山东乡村建设研究院内。研究院正门朝南,挂有两个牌子,一为"山东乡村建设研究院",一为"山东省第一乡村建设师范学校"。梁漱溟任校长,张俶知任教务长,黄艮庸任总务长。下设特师部和简师部,部设部主任,班设班主任。特师部招收初中毕业生,学制三年;简师部招收高小毕业生,学制四年。两部学生结业后,都分配充当乡农学校、乡学、村学的教师。特师部招六个班,学生三百余人;简师部前后共招三个班,分一、二、三年级,学生约有一百五十人。对学生实行军事管理,每人发蓝制服,按时出操、打靶和野外训练。乡村师范学校的课程内容也和其他普通乡师大体相同。因为当时省教育厅规定,学生毕业时,必须参加全省会考,会考不及格的不发给毕业证书,所以不得不有如此的改变。[1]

---

[1] 贾巨川:《山东省第一乡村建设师范学校及邹平乡村建设实验情况》,山东省政协文史资料委员会、邹平县政协文史资料委员会编:《梁漱溟与山东乡村建设》,山东人民出版社1991年版,第243页。

1934年1月29日，山东乡村建设研究院第一期合作讲习会师生合影。

在山东邹平的乡村教育实验中,村学与乡学是其中重要的组织机构及实验活动内容。梁漱溟根据自己独特的乡村教育与建设理论,将传统的行政系统打破,实行教育制度化,以教育力量代替行政管理,将教育组织推进到基层社会。他对村学、乡学的组织建构,学校式及社会式教育实验的内容、组织及途径方法均作了系统的建构,为此还专门写了一系列的论文,从理论到实际操作进行了详细的阐述与设计,堪称现代乡村建设运动中学校教育与社会教育结合,以及社会化综合改革系统工程的典范与杰作。

村学、乡学的组织建构

梁漱溟在《乡村建设大意》中强调:中国现在所急切的就是要有团体组织,就是要往团体组织里去变;而求得团体组织之道,必须发挥伦理关系及义务观念。这种组织在乡村就是村学、乡学——要使父老兄弟全村团结成立村学;全乡的人团结,成立乡学。村学、乡学,实质上就是乡村自治机关,取代了原有的乡镇区公所,负责起与乡村有关的一切事宜,特别的是这个机关是以教育的组织形式或机构建置呈现,以"新礼俗"的养成相号召。"邹平自实验计划施行后，已将从前之区公所乡镇公所等机关取消，而代以村学、乡学。但村学、乡学在这里不仅是个机关，并且是个团体。""村学、乡学意在组织乡村，却不想以硬性的法令规定其组织间的分际关系，而想养成一种新礼俗，形著其组织关系于柔性的习惯之上。"村学、乡学既是地域范围的界定，也有程度、等级的差异。村学是乡学的基础，是个小团体；乡学是村学的上层，是个大团体，个体属于团体中的一人。结成这个团体，目的是"齐心向上，学好求进步"[1]。

山东邹平乡村建设研究院师生在梁漱溟亲自指导下，到邹平各区乡调查研究，试办乡村教育，总结经验，制定出一套改革办法，就是乡农学校、乡学及村学制度，自1932年开始逐步在全县实行。1932年，取消原有的区，将全县划分为10个乡，乡设"乡学"，乡以下分若干村，村设"村学"。1933年研究院将全县原有的7个行政区，改划为14个乡和316个村，城关为首善乡。首善乡设立实验小学，各乡设乡学，各乡的重点村设村学。

村学、乡学作为"政教合一"的乡村组织，由学长、学董、教员及学众组成。学长作为乡村最有威望最有品德的人，由学董会推举并由县政府礼聘主持教育，教训一村或一乡的人，主要为调和众人，不负事务责任；学董为乡村领袖，负责公共事务，负责办理村学或乡学，另设常务学董（即理事）一名主持一切行政工作；教员大多由山东乡村建设研究院研究部或训练部毕业生担任，除了教学还肩负推进社会工作的责任；学众是村中乡中的所有男女老少。

在乡学里还有辅导员，是代表县政府下乡村去的，多半在研究院受过训，由研究院推荐、县政府委任。"辅导员的责任只从侧面引导，监督乡学中的一切工作，主要掌握乡建政策的正确贯彻，他们是整个乡学中的灵魂人物。"[2]辅

［1］梁漱溟：《村学乡学须知》，中国文化书院学术委员会编：《梁漱溟全集》第五卷，山东人民出版社2005年版，第448～449页。
［2］卢资平：《忆邹平实验县第十二乡乡学》，山东省政协文史资料委员会、邹平县政协文史资料委员会编：《梁漱溟与山东乡村建设》，山东人民出版社1991年版，第213页。

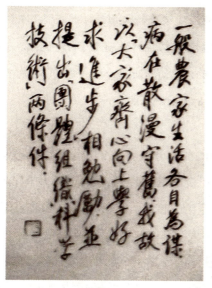

一眾農家生活各自為謀
病在散漫守舊我故
必大家齊心向上學好
求進步相勉勵並
提出團體組織科學
技術兩條件。

梁漱溟题字。他认为村学、乡学的目的在于"大家齐心向上，学好求进步"。

导员和教员的地位不同，教员是村学或乡学聘请的先生，而辅导员则是代表县政府下乡去工作的，不属于乡学的组成人员，他们的职责主要是辅导乡学的学长、学董和教员各尽职守，并巡回视察指导各该乡学所属各村学的种种活动，和教员一样，他们也大多是山东乡村建设研究院研究部和训练部的毕业生，并常驻乡村，唯回县参加县教育行政会议。就其职责而言，辅导员的作用是在县政府与地方之间，一方面代表县政府传达意旨于地方，同时又将地方情形和民意转达于县政府，以加强二者之间的联系。

乡学、村学既是学校，也是行政机关，其任务是完成社会改造期的文化改造的使命，化社会为学校。梁漱溟关心的是怎样利用教育去培养"新的政治习惯"（即新礼俗）来构建一个新社会，要实现这个目标就要依靠团体组织，即乡学、村学。

村学、乡学的目标就在于培养新政治习惯，启发大家的注意力与活动力，让多数人从被动地位转到主动地位，从散漫消极变积极团结……我们山东乡村建设研究院在邹平作乡村建设实验，什么时候才算成功呢？直截了当地说，就是村学、乡学真正发生组织作用，乡村多数人的注意力与活动力均行启发，新政治习惯培养成功，而完成县自治，研究院实验县的大功就算告成。[1]

村学、乡学的对象不仅是个别的或部分的青壮年农民，而是包括了一定区域内的男女老幼。村学、乡学真正发展起来以后，便可恢复中国古代那种行之有效的乡邻结构模式，在政治生活中起到引导和推动农民参与团体生活的作用。梁漱溟认为，社会缺乏团体生活和团体力量，是中国散漫无力、落后于西方的重要原因之一，因此，所设计的村学、乡学，其意图就是要吸收西方团体生活的长处，启发农民自觉地组织起来，树立一种团体意识，形成一种集体力量。[2]

村学、乡学的学校式教育实验

1934年2月，梁漱溟在《村学乡学须知》中明确地将村学、乡学的工作分为甲、乙两项，甲项工作为学校式教育工作，乙项工作为社会式教育工作。

学校式教育以成年农民为主要对象，正式的课堂教育分为成人教育、儿童

---

[1] 梁漱溟：《我的一段心事》，中国文化书院学术委员会编：《梁漱溟全集》第五卷，山东人民出版社2005年版，第535～536页。
[2] 虞和平主编：《中国现代化历程》第二卷《启动与抉择》，江苏人民出版社2001年版，第762～763页。

教育和妇女教育三部分。村学酌设成人部、妇女部、儿童部等,对他们施行生活所必须的教育;乡学酌设升学预备部、职业训练部等,与村学互为补充。

此项工作本以成人为主,但以种种之因袭势力将必先成立儿童部(即小学)。其次则成人部夜班,这不难成立,尤其是在冬日农暇之时。此项夜班或先从讲故事及各种谈话入手,渐次乃及于识字等课程。信仰既立之后,则妇女部亦可成立。如于某项生产技术(如蚕业、棉业等)有训练农民之处,则农忙时亦正可有一种临时讲习课业之进行。例如养蚕时为蚕业讲习,种棉时为棉业讲习之类。[1]

村学乡学须知。

由以上资料可知,在梁漱溟的设计中,儿童部(小学)、成人部、妇女部这三项教育工作环环相扣,是一个较为完整的链条,将乡村民众纳入其中,以多种教育形式对他们实施学校教育,以达到构建新社会的目的。

成人教育部农闲时上课,所有男性成人均须参加,授课时间每晚7~9时。课程有公民学(故事、时事和"精神训练"等)、识字、基础知识、唱歌、武术等,其中识字课采用的课本是杨效春编纂的《乡农

---

[1] 梁漱溟:《村学乡学须知》,中国文化书院学术委员会编:《梁漱溟全集》第五卷,山东人民出版社2005年版,第459~460页。

的书》，课程设置以"因时因地制宜"为原则。妇女教育部一般为下午开课，课程基本与男性成人教育相同，增加了育婴及家政等内容。儿童教育部每天上课（女童只上半天课），农忙时停课，课程有国语、算术、常识和公民等，以"适用"为原则，重视精神陶冶。需要指出的是，各部的教学除了有以上提到的"恒常类"课程外，还有按当时当地需要和问题而设的乡土课程。

各村学、乡学都是按照梁漱溟的设计进行构建、管理，办学情况基本相当。就卢资平所在的第十二乡学而言，它的前身是邹平辉里镇镇立高级小学，有资料如下：

全县一至十三乡，每乡都有乡学一处，学生人数不同，小乡一个班，大乡两个班，每班四五十人，都是小学五六年级，叫高级部。各村学教师二三人，学生人数不等，至少有一个复式班。村学是一至四年级，叫初级部。课程：高级部主要是国语、算术、史地、自然、劳作、体育、唱歌等，各乡随时增设乡土课程，如山区增加林业知识，棉区增加农业种植等。初级部课程主要有国语、算术、常识、体育、唱歌（也叫唱游）。教师的工资待遇，校长三十元，教导主任二十五元，高级部 十八至二十二元，初级部教师十二至十五元（都是月工资，那时候叫薪金）。经济来源：除了乡学教师和村学中由研究院、县派来的教师开支省款外，其他初级部教师都是开支地方款，也叫县款。[1]

就课程设置而言，乡学的教育内容与一般的国民小学差别不大，所不同的是教材可以根据自己需要编写，如新闻消息、乡建活动、精神陶冶、人生向上等，还遵循因地制宜原则，增设有乡土课程。村学亦同，除了日常的课堂教学

---

[1] 卢资平：《山东邹平实验县的片段回忆》，山东省政协文史资料委员会、邹平县政协文史资料委员会编：《梁漱溟与山东乡村建设》，山东人民出版社1991年版，第125～126页。

外，学校还组织多种课外活动。

　　课外活动时间，经常由教员带领高年级学生，通过演讲、办板报、喊口号、演话剧等形式，宣传男子剪发，女子放足，禁止早婚，破除迷信，新法接生。通过这些活动，学生不但巩固了课本上学到的知识，还对乡民进行了教育，可谓一举两得。[1]

　　乡学于每年春冬两季组织轮流训练各村18～40岁的男子。乡学教师负责教授文化课，乡队长教授军事课，辅导员、学长分别教授乡建知识、识字明理、时事新闻等课程。

　　各村学设一处夜校，对成年人进行教育，由村学教师每晚7～9点授课两小时，农民可以在现有课程中选修。但在1935年以后，农闲季节里，16～30岁的男村民都必须修10周的短期课程。因为主要集中在冬季，"农闲学，农忙不学"，所以又称"冬学"。夜校虽然面向全乡农民招生，但那时女性入学的很少，基本上都是男学生。教师是小学教师、学长、村理事、村队长等人，主要开设识字、唱歌、精神陶炼、军事训练等课程。

　　综上所述，村学、乡学学校式教育的内容很丰富，有知识技能教育、精神陶炼、体育、美育及综合教育等，而其中精神陶炼，即人生行谊教育是重要的教育内容。梁漱溟坚信在当前剧变的世界中，必须从人生问题上启发指点，使农民从"窘闷消沉"转向"乐生"后，才能谈得上识字运动和农业改良运动，否则，农村各项事业既难以推行，也难以取得成效。就梁漱溟所从事的邹平乡村建设，亦即其邹平教育模式而言，正是以此为出发点的。梁漱溟的精神陶炼包

---

[1] 卢资平：《忆邹平实验县第十二乡乡学》，山东省政协文史资料委员会、邹平县政协文史资料委员会编：《梁漱溟与山东乡村建设》，山东人民出版社1991年版，第214页。

村学、乡学学众在学习的场景。

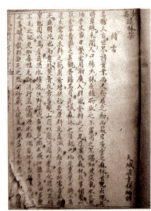
村学、乡学当时使用的有关植树造林、禽畜饲养方面的书籍。

括三部分内容，即"合理的人生态度和修养方法的指点，人生实际问题的讨论，及中国历史文化的分析"[1]。而"所谓历史文化的分析，就是指点中国文化的特质（就是民族精神）；所谓合理的人生态度，是讲中国古人的人

---

[1] 梁漱溟：《精神陶炼要旨》，中国文化书院学术委员会编：《梁漱溟全集》第五卷，山东人民出版社2005年版，第501~502页。

生态度，也还是民族精神；乃至于讲修养的方法，也是源于古人，资借于民族精神"[1]。

　　从表面上看，精神陶炼的内容似乎是文化保守、复古主义，实际则不然，它充满了活力和积极向上的精神，涉及到人生观、价值观和历史观等。"大概起初要先顺着他的心理，以稳定他的意志，将中国的旧道理巩固他们的自信力。"[2]这里的"旧道理"是指以孔门儒学为代表的传统思想文化，"指着孔子的这个学派，或者说孔子就是代表。在精神陶炼里大概要讲许多古人的道理，要在古人所创造的学问中有所探求，来帮助我们今天的生活"[3]。但新的探求却应排除乾嘉考订或桐城词章或理学心性主观精神的路径，而是引入西学内容，"再输入新的知识道理来改革从前不适用的一切，以适应现在的世界"[4]。

　　梁漱溟之所以能对东西文化都持既有肯定、又有否定和批评的态度，与他将文化的本质理解为人生态度有关。他所肯定与维护的中国文化，实际上只是一种人生态度，所以传统对梁漱溟来说基本上不是一个负担，他对待传统也不像许多维护传统的人那样教条。普遍国民性所带有的持中调和、怡然自得、田园牧歌般的人生态度，对于要经历现代巨变的中国来说，可能稍嫌消极。因此，他又把孔子"刚"的态度提出来，并居于显著地位。"刚之一义也可以统括了孔子全部哲学，原很难于短时间说得清。但我们可以就我们所需说之一点，而以极浅之话表达它。大约'刚'就是里面力气极充实的一种活动。刚也是一路向，

[1] 梁漱溟：《精神陶炼要旨》，中国文化书院学术委员会编：《梁漱溟全集》第五卷，山东人民出版社2005年版，第507页。
[2] 梁漱溟：《乡农学校的办法及其意义》，中国文化书院学术委员会编：《梁漱溟全集》第五卷，山东人民出版社2005年版，第350页。
[3] 梁漱溟：《精神陶炼要旨》，中国文化书院学术委员会编：《梁漱溟全集》第五卷，山东人民出版社2005年版，第507页。
[4] 梁漱溟：《乡农学校的办法及其意义》，中国文化书院学术委员会编：《梁漱溟全集》第五卷，山东人民出版社2005年版，第350页。

于此路向可以入的浅，可以入的深；所以它也可以是一种非常粗浅极其简易的。我们自然以粗浅简易的示人，而导它于这方向，如它有高的可能那么也可自进于高。我今所要求的，不过是要大家往前动作，而此动作最好要发于直接的情感，而非出自欲望的计虑。"[1] 显然，他是希望这个重新表述了的人生态度可以满足现代中国的要求，为未来中国文化的发展奠定基本方向。

除了精神陶炼课，唱歌也被规划到常规教学内容中。歌曲有《植树歌》《农夫歌》《放足歌》《戒烟歌》《吃饭歌》《朝操歌》《精神陶炼歌》等，这些歌的歌词都寓意深刻，易懂易唱。这种简单便捷的方式既能增长知识、娱乐生活，还能起到精神陶炼的作用。

穿的粗布衣，
吃的家常饭，
腰里掖着旱烟袋儿；
头戴头帽圈，
手拿农作具，
日在田野间，
受尽辛苦与风寒，
功德高大无边，
农事完毕急急纳粮捐，
将粮交纳完，
自在得安然，
士工商兵轻视咱，轻视咱，
无有农夫谁能活在天地间。

——《农夫歌》

农夫歌。

一粥一饭，
当思来处，
粒粒辛苦，
农民膏脂，
哀鸣嗷嗷，
遍地皆是，
不劳而食，
吾辈耻辱。

——《吃饭歌》

吃饭歌。

[1] 梁漱溟：《东西文化及其哲学》，中国文化书院学术委员会编：《梁漱溟全集》第一卷，山东人民出版社2005年版，第537页。

　　村学、乡学主要的教学组织形式是班级授课制，将学生变成固定的班级进行教学。由于师资、生源、经费等原因，在小学高级部也采用复式班的方法来组织教学，组织乡学、村学儿童部的优等生，利用午饭、晚饭前的空闲时间教失学儿童读书识字。学生由"小先生"自由招收，小孩教小孩，亲切又自然。课程主要有识字、唱歌、卫生、礼节与游戏。每个"小先生"有学生在三个以上（最多不超过十个），便成立一处，钉上第几共学处的牌子。各村共学处在各村成立全村共学处联合大会，每星期日举行一次，地点在各乡村学。由"小先生"表演、讲故事、讲公民常识、公民道德，联合唱歌、做团体游戏等。[1]截至1937年1月，全县设有共学处466处，学生达5468人。

　　每天，从10人到100人不等的年轻人聚集在约好的庙里、空房子里、树林里，甚至街巷的角落里，他们在一起上识字课，用唱歌和讲故事的形式把卫生、时事等方面的基本常识灌输给大家，他们还举行识字比赛和唱歌比赛，很快就使学生对他们的"班集体"产生了热情。通过他们，县里最穷苦的年轻人也被纳入了研究院的网络系统中，当正规学校在一起举办"观摩会"时，共学处的孩子们也参加。到1937年，这样的共学处几乎达到了500个，此外还有大约300所村办小学。通过这样一个互相联系的网络，邹平接近实现了普及教育。[2]

　　邹平实验县政府还颁布了《邹平实验县教育辅导方针》，规定对16～30岁之间失学青年的教育采用导友制，分为识字导友与专科导友。

---

[1] 祝超然：《邹平短期义务教育的实施》，载《乡村建设》第5卷第4期，1935年9月30日。

[2] [美]艾恺著，王宗昱、冀建中译：《最后的儒家——梁漱溟与中国现代化的两难》，江苏人民出版社2003年版，第181～182页。

以往的私塾基本是讲授法，教师讲授，要求学生死记硬背。村学、乡学反对填鸭式、注入式的教学，采用讲授法、探究法、五段教学法、道尔顿教学法、直观教学法等多种方法，跟以往的教学方法相比更能激起学生的主观能动性，取得良好的教学效果。

所有教师人手一册陶行知所著《古庙敲钟录》和另一种书。在教法上主张"教学做合一"，大致意思是教师在教中学，学生在学中做，教师再在做中教，务使教、学、做三者密切结合起来。主张对学生启发诱导，反对填鸭式、注入式，同时也并入五段教学法，即预备、提示、比较、总括、应用。每一课要先引起动机，再决定目的。有的乡学还试行过"道尔顿式教学法"，办法是：把课本上的一个单元，由教师拟出表式提纲，并找出有关材料，课堂上把学生分成组，讨论解答问题，这时老师巡回指导。学生经过讨论后，仍不能解答的问题向教师提出，由教师引诱启发学生解答，然后师生共同研究答案，写好提纲细目，最后由教师总括，系统讲述。不过此方法由于参考材料少，教师水平不高，采用的时间不长，就逐渐不用了。当时就城里实验小学用的时间长。[1]

这里的"城里实验小学"，就是邹平县小学，梁君大任校长，后改名为"邹平实验小学"。梁君大是梁漱溟同族的侄子，他在实验小学进行了一系列的改革：破除旧习俗，男女生同校同班；组织出板报、唱歌、体育、野外写生、春游等活动，丰富学生的课外生活；改革教材和教学方法；培养学生的集体生活习惯和自制能力。

---

[1] 卢资平：《山东邹平实验县的片断回忆》，山东省政协文史资料委员会、邹平县政协文史资料委员会编：《梁漱溟与山东乡村建设》，山东人民出版社1991年版，第126页。

　　比如上课，老师不能光讲，要启发学生多想；不能光向学生灌输，要发挥学生的主观能动性，获取灵活的知识。我们除鼓励学生多看参考书，开扩知识面外，又办起地理、数学、自然等科的教学室。教学室陈设模型、挂上图画、图表等物，进行直观教学，并引导学生实际操作，从动眼、动脑到动手，获取全面的知识。课文的内容，也力求联系实际。我是教语文的，课文都是从上海新出版的杂志上选的。我记得选过夏衍的《包身工》和一些抗日救亡的文章作教材。这样，帮助学生进一步了解社会实际，激发同学们的爱国热忱，为一些学生走上革命道路作了思想引导。

　　学校按班编成中队、小队，全校为大队。各队的正副队长，全由学生担任。每早有晨会，升旗、做操、讲话的活动。集会的整队，行进时的维持秩序，上课时的维持纪律，全由学生自己负责，教师只在必要时加以指导。各班的墙报组、歌咏队、球队等，也都由学生自己负责，教师只尽辅导的责任。总之一切活动都尽量发动学生自己去做，既启发了同学的主动精神，也锻炼了他们的组织能力，有些性格软弱的学生通过参加各种活动也逐渐坚强起来了。[1]

　　实验小学虽然受实验县管辖，经费需要教育部门核发，聘请教师也需要教育部门批准，但是在教学改革方面独立于实验县。既不受山东省教育厅的约束，也不隶属于研究院，在办学方面比较自由。后来在张宗麟的提议下，实验小学成为邹平简易师范学校的实习基地，改名为简师附小。

　　在学校的管理组织上，梁漱溟采取了政教合一的形式，把行政机关教

---

[1] 邹晓青：《回忆三十年代我在邹平县从事教育工作的经历》，山东省政协文史资料委员会、邹平县政协文史资料委员会编：《梁漱溟与山东乡村建设》，山东人民出版社1991年版，第185页。

育化，以实现其以教统政、让教育居于社会领导地位的愿望。乡里的教育辅导员和县里的督学，定期会去各村学检查教学工作。各村学所自聘的教师经县教育部门鉴定审核合格后，可以任教。全乡各村学每年春季集中在乡学驻地举行学生讲演、体育等各种文化课目表演观摩大会，借以促进教师教学、学生学习的积极性。每年实验县政府集中各乡学学生在研究院大操场开观摩大会，各乡学生由各乡队长带队，在大操场做军事操练，县官员作出点评。

村学、乡学的社会式教育实验

在梁漱溟看来，村学、乡学既是学校教育机构又是社会教育机构，不仅要完成学校教育的任务，而且要担负起社会改造的责任。"村学、乡学的教育是广义的；教员的责任亦即是广义的教育工夫 —— 村学、乡学的教育，本以合村人众为教育对象，要在推进社会为主，而亦将通常学校教育归包在内。故教员责任不以教书为足，且不以能教校内学生为足。"[1]教员应该经常与村众随意作亲切谈话，随地尽其教育工夫；应注重实际社会活动，向着一个预定目标进行；吸引村众来学校聚谈，让学校成为他们经常聚会的地方。这是要将教育的出路与社会的重建合并起来解决。梁漱溟赋予村学、乡学社会教育的功能，期待其能推进社会、改造社会，希望以社会教育的手段达到改造社会的目的。

---

[1] 梁漱溟：《村学乡学须知》，中国文化书院学术委员会编：《梁漱溟全集》第五卷，山东人民出版社2005年版，第459页。

根据《邹平实验县区设立村学乡学办法》的规定，无论是村学还是乡学，都要倡导本村（乡）所需要的社会改良运动，如禁缠足、禁早婚等；兴办本村（乡）所需要的社会改进事业，如合作社等。

例如，有匪患的地方，便成立自卫组织，作自卫训练。这即是此时此地乡农学校的功课。再如，山地可以造林；共同造林，共同保护。又如产棉区域，从选种、种植，到成立运销合作社，还有织布、养蚕、烘茧等等。这一切都是乡农学校的功课。因此，可以随宜成立林业公会、机织合作社、棉花运销合作社、储蓄会、禁赌会、戒烟会等。[1]

相比较来说，社会式教育更是村学、乡学的主要工作。梁漱溟对此尤为重视，他指出：

中国文化的一个转变期，正是除旧布新的时候。所谓除旧，旧是在成人的身上，除旧则必对成人下工夫；所谓布新，尤须对成人而言，比如改良农业，或作农业推广，你不对成年的农人作教育的工夫，又能如何呢？所以要创造文化，故施行成人教育，施行成人教育即所谓创造文化，即所谓乡村建设，即所谓社会教育。乡村建设与社会教育，是一而二，二而一者。

现在很有些人提倡施行农业教育于未成年的儿童。不知在农业教育未推广到成人以前，绝不能推行到未成熟的分子，因为你没有许多榜样给他。比如说做父亲的尚未能改良农业，他的儿子，一个很小的孩子，究如何去改良农业？所以想把社会文化安排停当，在中国的今日，即应着重成人教育。再者，此刻中国乡里的成人

[1] 胡应汉整理：《梁漱溟先生的乡村建设运动——答哈佛研究生Guy S. Alitto君之问》，梁培宽编：《梁漱溟先生纪念文集》，中国工人出版社2003年版，第41页。

在年龄上算得成人,若对新的生活方式来说则尚未成人,犹等于儿童,当然需要教育,总之,你不想改造中国文化则已,否则非要注重成人教育不可![1]

梁漱溟多次强调乡学、村学的意义,期望以此激发农民的上进心,提高农民的素质,并把农民纳入团体之内,培养互助合作的习惯。在组织制度或管理结构上,所有"村众"都是"学众",接受"学长"的教化。根据教化的要求,从行政上加以贯彻,并与村学、乡学工作的教育内容相统一,从而使县以下所属基层两级社会实现"政教合一"的建构,完成了梁漱溟乡村建设与教育管理的框架模型。

村学、乡学的社会教育活动及功能主要表现在经济建设、乡村自卫、社会风俗和公共卫生四个方面。

村学、乡学在经济方面的工作,是以扶助农民组织生产、消费、运销等多种合作社的形式展开的。如美棉运销合作社、蚕业产销合作社、机织合作社、林业生产合作社、信用合作社等。这些合作社给社员提供贷款和优质种子,以提高农民收入。从广义上讲,优良品种的推广,是对民众施行改良农业生产及生活方法的各种教育。

此外,邹平还成立了金融流通处,又组织农民入股成立信用合作社和庄仓信用社,这三种形式的乡建金融组织对活跃邹平金融,推进乡村建设起了很大作用。金融流通处作为县金库,经营农业信贷业务,贷款以合作社为对象,不贷个人,[2] 辅以技术指导,良种推广,推动合作组织普遍发展。信用合

---

[1] 梁漱溟:《社会教育与乡村教育之合流》,中国文化书院学术委员会编:《梁漱溟全集》第五卷,山东人民出版社2005年版,第436页。

[2] 万永光:《梁漱溟先生及其在山东从事乡村建设的运动》,山东省政协文史资料委员会、邹平县政协文史资料委员会编:《梁漱溟与山东乡村建设》,山东人民出版社1991年版,第32页。

作社主要业务是储蓄和贷款,为社员解决生产、生活上资金短缺的问题,还包办社员集体向农村金融流通处贷款的事务。庄仓信用社是由庄仓合作社演变而成,主要业务是吸收股金存款和贷款,以乡为单位,农民以粮入股,集体仓储,庄仓社可以所集之仓谷为保证,向农村金融流通处办理集体贷款,也可发行庄仓债券。乡建金融运用利率、货币、信用手段聚集资金,以低息、集体为原则发放贷款,抵制了高利贷活动,起到了组织生产、发展生产、引导资金流向的作用。

各乡经常举办各种培训班训练合作人员,凡村学教员均需经合作函授班毕业,指导办理合作社方面的知识。把高小和成人部教育加入合作社内容,寓教育于经济管理,将合作社作为从经济上组织农民的主要手段。合作社倡办合作事业,并寓教育于合作之中,以图改变几千年来小农经济养成的狭隘意识,培养一种适应现代文明的团体意识。[1]这些举措在一定程度上缓解了农民原来所遭受的经济剥削和经济压力,促进了技术的进步和经济的发展。

梁漱溟并不打算照搬英法自由竞争的资本主义制度,而提倡伦理本位、互助合作的社会构造,主张从农业"平稳过渡"到工业。对此,他是这样理解的:

从外面看农业受压迫较缓,从本身看农业关系太大痛痒太切,要求喘气活动最急,而同时农业又极有活动可能,似乎不难从这里缓一口气。这是如上已说了的。但是仅能缓一口气,苟延残喘,殊非我们的要求。我们的要求是翻起身来达于进步的健全的经济生活。那就必须有进步的生产技术(巧),社会化的经济组织(大),而其关键则看能不能工业化。因此要问,我们尽力于农业,其结果就

---

[1] 宋恩荣:《梁漱溟的乡村教育实验》,《教育研究与实验》,1988年第2期。

在农业上呢？还是很快地很自然地引发工业？假使结果不在工业上，便非翻身之路。然而我们可以肯定地回答，尽力于农业，其结果正是引发工业；并且我敢断定，中国的工业的兴起只有这一条道。[1]

　　恰如有的学者所总结的那样：梁漱溟办的村学、乡学具有如下特点：第一，纳社会改造于教育之中，用教育来完成社会改造；第二，教育着重于成人，与平常教育着重于儿童不同；第三，着重于社会教育，力求把教育普及到全体民众之中，与平常教育着重于学校学生不同；第四，化社会为学校，就所在社会环境施教，与平常教育只囿于学校施教不同；第五，教学内容、学习资料根据经济、政治、国防的需要来定；第六，注意集体生活习惯的养成。[2]

　　应该说，梁漱溟乡村教育实验的核心内容及思想理念是科学与道德两大要素，与"五四"新文化运动的两面旗帜"科学"与"民主"有更多一致性，但也有其差异性。梁漱溟对中西文化的对垒以及中国社会道路的走向并没有激进民主主义者那样火爆或决断，也缺乏早期马克思主义者陈独秀、李大钊那样的果敢和勇猛，而是糅合中西、有所选择，但其趋向及理路仍是现代化的努力，这一点直到他在新中国成立初期遭遇困境之后的20世纪60年代仍然执着地坚持。据汪东林对梁氏访谈记录材料显示：

　　因为64年那个时候是建国15周年，大家都讨论《政府工作报告》，几乎所有的发言都说，我们国家所有这些成绩的取得，都是因为抓住了阶级斗争这个红线。梁漱溟他心里不同意这个，所以他就作了准备，写了稿子，很长的，讲起来也得起

---

　[1] 梁漱溟：《乡村建设理论》，中国文化书院学术委员会编：《梁漱溟全集》第二卷，山东人民出版社2005年版，第508页。
　[2] 苗春德主编：《中国近代乡村教育史》，人民教育出版社2004年版，第183页。

码两个小时吧。他把这个解放以后的15年的成就，归功于两句话，一句话叫科学之事，一句话叫道德之事。科学之事，他说是因为我们解放以后搞成的建设，主要讲建设成就，是因为顺应了科学才取得，我们如果不顺应科学的话，就不取得。那么什么叫道德之事呢？这个道德就是说，他是旧社会过来的人，旧中国是一盘散沙，什么东西都抓不起来，解放以后，因为共产党领导得法，所以人民群众的力量发挥出来了，这个发挥出来就不得了，这是取得这个成绩的第二大原因。现在，我讲给你这么一听，好像这话也没什么错，是不是？听起来，他没有讲别的。但是他唯独没有提一个，即阶级斗争，一个字他都没说。[1]

在乡村自卫方面，邹平未划为实验县前维持治安的是公安局和民团大队。1933年7月1日划为实验县后，7月成立民团干部训练所，设立干部队和征训队两个分队。干部队的人员多是原公安局和民团大队裁撤后选留的精壮人员，共39人，职责是维持地方治安。征训队的人员以公开招考的形式录用，招考要求在"简章"中有明文规定，征训队以培养民团干部为目的，队员毕业后分派到各村学、乡学以训练民众自卫。第一届征训队招收33人，学习时间为四个月。"学习训练的课程很多，以军事训练为主。军事训练分为学科和术科两种。学科讲步兵操典、野外勤务、射击、夜间教育等；术科每天两次军训，有制式教练、战斗教练、打拳、劈刀、刺刀等。除学习军事学术两科外，还有应用文、户籍法、自卫要义、经济常识、社会调查及棉业合作等课程。"[2]征训队的训练很紧张，早上四点多出操跑步，每天出操三次，晚上还安排有文娱活动。结业后，由邹平县政府分配到各乡担任正副队长，成为乡村自卫的骨干力量。因为训练

[1] 汪东林：《1949年后的梁漱溟》，当代中国出版社2007年版，第15～16页。
[2] 王建五：《忆邹平实验县自卫训练及第五乡学》，山东省政协文史资料委员会、邹平县政协文史资料委员会编：《梁漱溟与山东乡村建设》，山东人民出版社1991年版，第191页。

　　1933年7月14～16日，第一次"乡村工作讨论会"在山东邹平召开，来自党政机关、大学、科研单位、报社等部门的60余人参加了会议。此合影中15人为各地直接从事乡村建设工作的负责人，同时是会议的发起人与组织者。

期很短，所受训练也比较粗浅，所以任职后有时会调集到县里予以补充训练。县政府授予的结业证章图案由枪杆、笔杆、锄杆组成，寓意是农忙时拿锄杆种地，农闲时拿笔杆学习文化，有战争时拿起枪杆打仗。

　　1935年1月，民团干部训练所改建为警卫队。邹平警卫队并不是专管治安的，实际上是自卫教育机构，对各乡村学校选送来的青年，施以军事训练和乡村工作教育，半年至一年，毕业后回乡担任乡队长。在农闲时，集合青壮年分批进行军事训练，并编成班排，每月进行一次土枪射击，也叫团练。[1] 邹平警卫队还曾应张宗麟的要求，对邹平简易师范学校进行过军事训练。"借着乡学团练射击时，研究院老师们对大家上课，讲解农林常识，如科学种田，提倡国货，办合作社，养良种家畜，养蜂等常识，总之对村民进行教育，使之向上学好求

---

[1] 范广监：《我参加山东乡村建设运动的经过》，山东省政协文史资料委员会、邹平县政协文史资料委员会编：《梁漱溟与山东乡村建设》，山东人民出版社1991年版，第67页。

1936年暑期与长子培宽（右）、次子培恕（左）留影于济南。

进步，人们的精神面貌，也有所改观。"[1]

邹平未划为实验县前，根据山东省政府颁布的《山东各县联庄会暂行章程》的规定建立了联庄会组织。后邹平实验县参照《山东联庄会训练简要办法》，制定了《邹平实验县联庄会训练暂行办法》，加强了联庄会会员的训练工作。"经过县、乡训练的人员，称为联庄会会员。会员们身着蓝色军装、军帽，下缠绑腿，腰际束一条皮带（武装带），手持土造步枪或汉阳造钢枪。"[2]由征训队毕业的学员担任正副队长，办理联庄会训练班，每年办一次，训期两个月。受训后按地段编组，每村编为一组，设村组长、副组长。全乡编为一乡队，受乡学管辖和乡队长指挥。

联庄会会员集中训练两个月后毕业，一律按所在之乡编为乡队。各乡队长直隶于乡学，受乡理事指挥监督。各乡队之会员，平时居住在本村，各村或邻近二三小村会员编为一村组，全县共107组。各村组选出正副村组长，直隶于该村学，受

[1] 范广监：《我参加山东乡村建设运动的经过》，山东省政协文史资料委员会、邹平县政协文史资料委员会编：《梁漱溟与山东乡村建设》，山东人民出版社1991年版，第70页。

[2] 张为春：《邹平实验县第七乡姚家村训练壮丁纪实》，山东省政协文史资料委员会、邹平县政协文史资料委员会编：《梁漱溟与山东乡村建设》，山东人民出版社1991年版，第203页。

村理事或村庄长指挥监督,并直辖于乡队。[1]

邹平实验县自1933年冬开始训练联庄会员,以军事训练为主,同时施以成人教育,集中训练两个月毕业。至1937年共训练四届,训练会员约3000人。与以往不同的是,联庄会的集中训练以学时制的形式开展。成人教育训练的内容主要有:"党义"教育、乡村建设大意、法律常识、史地教育、联庄会员须知、识字明理教育、唱歌、精神讲话(所谓精神讲话、唱歌等课程正是为了解决农村的"精神破产"之问题)、棉业合作教育、自卫教育、农村问题教育,尤其注重精神陶炼,以振奋民族意识,促进有组织生活习惯的养成。

联庄会训练情况统计表

项目	时间	人数	时间
第一期第一批	1933年12月12日	537人	
第一期第二批	1934年5月5日	596人	
第二期	1934年11月	567人	2个月
第三期	1935年11月	579人	
第四期	1936年冬	450人	

除集中训练外,每月还定期举行补习训练,即联庄会乡会、乡射。上午开会名为"乡会",下午射击名为"乡射",每月一次,每次一天。乡会主要讲述乡村的各项问题,报告县政府及本乡当月工作,包括取得的成绩、遇到的困难,并且协商解决方法,提出下月工作开展计划;乡射则是乡队长带领联庄会会员赴野外打靶。

---

[1] 王建五:《忆邹平实验县自卫训练及第五乡学》,山东省政协文史资料委员会、邹平县政协文史资料委员会编:《梁漱溟与山东乡村建设》,山东人民出版社1991年版,第191页。

　　身着蓝色军装，头戴军帽，下缠绑腿，腰际束一条皮带（武装带），手持土造步枪或汉阳造钢枪的联庄会会员。

联庄会会员在进行军事训练。

联庄会会员参加乡会、乡射。

联庄会会员接受训练后有以下责任："遇有火灾，领导村民灭火；遇有水灾，领导村民堤防；遇有盗贼，领导村民警戒；遇有土匪，领导村民抵御；有害于乡村之人，随时呈报；有害于乡村之物，随时查禁；其他如劝诫与纠正村民之不良习惯，襄助与指导成年村民的军事训练……每年的夏防冬防期间，各乡队分批征调会员于乡学，一边训练，一边警备，并由乡队长率领到各村巡逻设卡，每批十天，每次防期两个月。"[1]

在社会风俗的改造方面，各村学、乡学开展移风易俗的活动，如禁缠足、戒早婚及买卖婚姻、禁烟、戒游堕、戒斗殴等。此外，还在各乡村开展多种文体活动，如演文明戏、放无声电影、开办农民运动会等，向农民宣传革除旧风俗的必要性。文明戏即现代话剧，内容大都是有关社会教育或宣传旧风俗之害的。以第九乡为例：

第一幕剧是关于开展社会教育的，剧情是：在未开展民众教育的社会情况下，群众愚昧落后，书信、文契不能看……后来，接受了宣传教育，参加了乡农学校……不再受人愚弄欺骗。另一幕剧是宣传缠足危害的，剧情是：一家财主有两个女儿，大女儿缠足，是闺阁秀女，二女儿是未缠足的洋学生。一天深夜，财主家遭到绑票，其二女儿翻墙跳到外院逃走；大女儿脚小，跳不起，跑不动，被绑架，哭哭啼啼被绑票者架走。老财主为此花了一大笔银元，最后醒悟到：还是天足好。[2]

---

[1] 郑大华：《民国乡村建设运动》，社会科学文献出版社2000年版，第279页。
[2] 王向浦：《乡建时期邹平农村宣传、文体活动的片断回忆》，山东省政协文史资料委员会、邹平县政协文史资料委员会编：《梁漱溟与山东乡村建设》，山东人民出版社1991年版，第180～181页。

演话剧，宣传新文化；放无声电影，普及科学知识。这些活动既能引起村民的好奇心，又为村民所喜闻乐见，收到良好的教育效果。除了通过种种宣传对村民进行教育劝导外，还兼以处罚的手段。如以游街的形式对坚持缠足者予以处罚；为改造乡间小偷、赌棍、地痞、毒品贩，成立成人特别教育班（后改为自新习艺所），对劣迹者施以特殊教育。"农民自新习艺所：在县府内，拘留临时犯错误又不合判刑的人，如赌博、吸毒品者等。他们一面受教育，一面劳动，如编筐、编席和打扫卫生等。"[1]

　　山东乡村建设研究院成立后的一段时间里，工作的重点是乡村组织和乡村自卫，而对公共卫生没有引起足够注意。[2]1934年9月底，研究院与齐鲁大学医学院合作，在城区首善乡成立"山东乡村建设研究院医院"，医院直属研究院，先以门诊部对外营业。1934年11月正式成立邹平县政建设实验区卫生院，作为卫生推行机关，负责乡村卫生工作，确保地方卫生工作的开展，

《邹平乡村自卫实验报告》书影。

研究院医学讲习会编制的《针灸图注》。

---

[1] 卢资平：《山东邹平实验县的片段回忆》，山东省政协文史资料委员会、邹平县政协文史资料委员会编：《梁漱溟与山东乡村建设》，山东人民出版社1991年版，第122页。

[2] 梁漱溟：《邹平县卫生院开幕式上的讲话》，中国文化书院学术委员会编：《梁漱溟全集》第五卷，山东人民出版社2005年版，第557页。

直属邹平县政府。该院同时是齐鲁医学院的卫生实验区和学生实习基地。

为了方便偏远地区的农民看病，研究院和县政府计划在城区外的13个乡各成立一所卫生所，由卫生院负责培训所需的医务人员，再由这些医务人员培训各村医务人员，深入农村进行保健宣传和防疫活动。卫生院先后开办两期训练班，招收学员约30人，训练时间为一年。在第二期将要结业并成立其余的各乡卫生所的时候，因日军入侵而停顿。

卫生院和它的医院设在邹平城内，在各乡则分设卫生所。卫生所原计划在全县13个乡各设一所，但一时财力物力不及，第一期先后设立了6个乡卫生所。卫生所隶属于乡学，但其业务和技术方面则受到卫生院的直接指导，其人员、医药、器材也直接由卫生院供给，卫生院并经常派人到各乡协助工作。卫生所

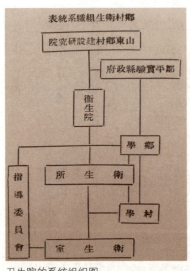

卫生院的系统组织图。

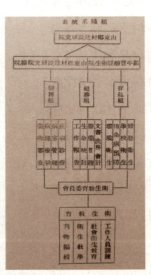

研究院在邹平乡村设立的卫生所。

的工作一方面是普通疾病的门诊和巡回治疗，重大疾病的护理和转院，一方面是学校卫生、妇幼卫生、预防注射、传染调查等项，通常是上午门诊治疗，下午搞卫生工作。[1]

医院还非常重视社会卫生教育，除经常举办卫生展览，挂卫生宣传图画（苍蝇放炸弹、蚊子害死人等）、陈列生理病态标本、药品和解剖器械等宣传品外，还组织巡回医疗队下到各乡，一方面治疗农民的疾病，另一方面对农民进行卫生宣传和教育。有时他们还利用赶集的机会，向农民发放卫生宣传品。[2]

综上所述，村学、乡学的教育除了担负文化教育的功能外，还是一个广泛的教育工程，寓教育于经济管理、军事训练、社会文化习俗及卫生事业之中，不只传承文化还传授生活生产技能等最实用的知识，打破了长久以来人们对学校的狭隘认识。

历史的回响

在邹平乡村教育实验筹办之时，中国各地出现了轰轰烈烈的乡村建设运动，尤以乡村教育活动为特色。主要有：1. 山东乡村建设研究院。2. 中华平民教育促进会定县实验区。3. 江苏省立教育学院。4. 中华职业教育社。5. 河南镇平、内乡、析川三县民团组织。6. 江宁实验县。7. 浙江兰溪实验站。8. 青岛市

[1] 王冠军：《回忆抗战前的山东乡村建设》，山东省政协文史资料委员会、邹平县政协文史资料委员会编：《梁漱溟与山东建设》，山东人民出版社1991年版，第11页。
[2] 郑大华：《民国乡村建设运动》，社会科学文献出版社2000年版，第319页。

乡区建设办事处。9. 金陵大学农学院与乌江农业推广实验区。10. 北平三大学乡村工作：（1）燕京大学清河社会实验区；（2）北平师范大学乡村教育实验区；（3）北平中法大学温泉乡建工作。11. 江苏省立徐州民众教育馆。12. 山东省立民众教育实验区。13. 绥远新农试验场。14. 广西省经济委员会农村建设试验区。15. 安徽农村合作事业单位。虽然参加单位繁多，派别不同，但其目的都是着眼于中国农村的建设与复兴。正如当时梁漱溟在一次全国乡村工作讨论会中所指出的："我们到会同仁各从不同的动机，不期而然地集于乡村运动一途，好多为始意所不及料。四面八方来到一块，这证明今日乡村运动，好像是天安排下的，非出偶然。"[1]

梁漱溟之研究哲学、文化以及后来探讨乡村建设理论都不只是为了获得某种知识，而是为了追寻人生的意义和探求中国问题的出路。他不是那种为学问而学问的学问家，而是思想家，他是要把自己有关宇宙、社会、人生的认识公之于世，并以此影响、改造社会的思想家。其实，他也不只是思想家，因为在他看来仅只提出某种思想、观点是不够的，还必须身体力行，把自己的思想、观点付诸社会改造的行动。所以，他不断申明自己是一个拼命实干的人、一位实践家。就当时"如花怒放、如日东升"——雨后春笋般涌现的乡村建设与教育团体一般而论，大致着眼于某一具体问题或有所侧重，只是作为中国问题的一个具体方面，而不是根本性问题。梁漱溟则不然，他确认自己提出和从事乡村建设与教育活动不是对中国问题的小修小补，其真正的意义在于"替中国开出一条新治道"，这便与现代化道路的方向问题联系密切。梁漱溟心中的乡村教育实验，便是他自认的现代化金光大道，也是他所设计并实验的有别于西方先进国家现代化模式乃至苏联模式的道路。

在近代中国，从康梁开始就一直有人看到，开民智、改造国民性乃为改造

---

[1] 韩明汉：《中国社会学史》，天津人民出版社1987年版，第152～153页。

中国之根本，但要从改造社会构造做起，却是梁漱溟最先提出的。他的不同寻常之处在于：看到了中国革命不只是改变政治制度，更不只是兴办实业、兴办教育，而是社会结构的改造，后者是前者得以成功的前提。社会结构和基础不改变，现代制度在中国不可能如愿生效。梁漱溟乡村教育实验的具体办法是从组织乡村入手，以文化教育的内容、途径及方式为核心，培养新组织，训练新习惯；在运动方案及策略上，以社会文化团体为主力，现实政治权力为保障机制。如何实现这种措施呢？就要办乡农学校、村学及乡学。此处的系列乡村学校不同于晏阳初的平民学校，而是政教合一的机构建制，既是教育组织，又有政权功能，校董会、校长就是乡村的领袖。这种实验的体系线路是：各种乡村学校不仅是教育组织设施，还能够扩大为地方自治形态，并可发展为未来政治模型。

　　无论最终结果如何，梁漱溟一手操办的邹平乡村教育实验确确实实地影响和促进了全国乡村建设运动的发展。

　　1933年7月14日至15日，全国第一次乡村工作讨论会在邹平举行，赴会者有河北、江苏、广东、浙江、江西等十多个省的35个乡村运动团体代表。与会者分别报告各地乡村工作情况，交流得失经验，相互切磋，并推举梁漱溟、晏阳初、黄炎培等六人为主席团成员，轮流主持大会。之后，此次会议的工作报告经整理由中华书局出版，即为《乡村建设实验》（第一集）。这次会议突显了邹平乡村教育实验在全国的示范领导作用，进一步扩大了邹平实验在全国的影响。邹平实验声名在外，吸引了众多的各界人士前去参观考察。

　　1934年，以李宗黄为首的中央组委会考察团对邹平的乡学村学、县政、农场、县学师范部等工作进行考察评估，给予了较高的评价。以农场为例，"农场成立虽仅三载，其内部之试验及对外之推广成绩颇佳……虽为经费所限，设备简单，不如青岛农场之完备，但实际影响于乡村经济农民生计者至大"。[1]香山幼儿师范的校长戴自庵带领一个班的学生在邹平简易师范学校进行了长达三周的参观学习。江苏省立教育学院及四川省立教育学院都开设了乡村建设理论课。华西协合大学乡村教育系改为乡村建设系，注重研究乡建理论。

抗日战争前，中山大学教育研究所主任庄泽教授赴欧洲出席世界新教育会议时，把山东邹平的乡建工作写入中国新教育工作报告进行了详细介绍。美国哈佛大学霍金教授、哥伦比亚大学罗格教授等来华考察教育时，也认为梁先生致力的乡建运动是一种新教育运动。在日本也早有梁先生《乡村建设理论》一

1936年初，梁漱溟等在邹平接待国际友人。前左一为梁漱溟。

[1] 李宗黄：《考察江宁邹平青岛定县纪实》，作者书社1935年版，第86～88页。

1936年梁漱溟访问日本时与友人合影。前左一为梁漱溟，左三为朱经古，后左起为黎涤玄、黄明立、秦亦文。

书的日文译本。[1]可见，邹平乡村教育实验的影响并不局限于邹平实验区或全国，而是辐射到了海外。

　　梁漱溟不是河南村治学院的院长，也不是山东乡村建设研究院的首任院长，但是他的乡村建设思想却是学院和研究院的精神支柱和思想灵魂。其乡村教育实验的目的，一方面是对中国教育现代化问题的探索，另一方面也是他自己哲学思想、政治思想的具体运用。梁漱溟试图通过一种广义的教育工程来开出乡村建设的新风气，挽救数十年来的乡村破坏，从而借以解决中国文化的复兴与中华民族的自救问题。这些充分表现了他的理论方向及思想动机，也真实反映了他的哲学思想、历史观和政治主张。

―――――――――――――

[1] 马秋帆《本卷前言》，马秋帆编：《梁漱溟教育论著选》，人民教育出版社1994年版，第3～4页。

1937年，卢沟桥事变三个月之后，日本侵略军的铁蹄大举践踏山东。随着山东省军阀、省政府主席韩复榘的不战而逃，梁漱溟呕心沥血经营的长达七年之久的乡村建设实验也不能继续下去了，遂于1937年12月率同仁撤退到河南镇平县，后分散到各地。1938年，46岁的梁漱溟往返于延安、徐州、武汉、重庆之间。1939年，在张澜的支持下，梁漱溟去到四川，同部分乡村建设的骨干创办了南充民众教育馆，由于民众教育馆宣传抗日，国民政府不能相容，不久即被迫停办，无奈之下，他又去了抗战的大后方重庆。

九　重庆北碚的教育活动

静以修身，俭以养德，非澹泊
无以明志，非宁静无以致
天学须静也，才须学也，非学无以广
无以广其才，非志无以成学，
敛嗟乎，淫慢则不能励精，险躁则不能
此纸为录古诸葛公诫
惜其研味自有也勉之哉
八十八叟书

新中国成立后，梁漱溟应毛泽东、周恩来的邀请去北京参加政府工作。图为勉仁文学院哲学系学生欢送梁漱溟赴京合影。前排左五为梁漱溟。

梁漱溟在重庆的活动大致可分三个时期：第一时期为1939～1941年，在重庆积极投身于抗日救亡活动。1939年，梁漱溟到重庆后与沈钧儒、邹韬奋、章伯钧等筹建"统一建国同志会"（民盟前身）。1940年，他在璧山县来凤驿创办私立勉仁中学，1941年迁至北碚金刚碑，同时成立勉仁书院。第二时期为1945～1946年，在重庆奔走于国共两党之间，企图以第三方身份消弭内战、促成和平。抗战胜利后，他由广西回到重庆，抱着"以进步达到平等，以建设完成革命"的人文主义情怀，为停止内战、民主建国而多方周旋，希望能促成国共和谈。[1]第三时期为 1946～1950年。1946 年，梁漱溟为和谈奔走无果，回到北碚金刚碑，在北碚主导创办勉仁国学专科学校（后改为勉仁文学院），并致力于《中国文化要义》的撰写与宣讲，一直到 1950 年初应毛泽东、周恩来之邀前往北京。这一时期状况，用梁漱溟自己的话说即是："专力于文化研究工作，陆续以其思想见解主张贡献于国人。对于时局，在必要时是要说几句话的，但不采取任何行动。"[2]

---

[1] 杨孝容：《梁漱溟"勉仁"学校的定位及其文化价值：以重庆缙云山为例》，载《重庆社会科学》2010年第8期，第104页。

[2] 梁漱溟：《勉仁学院创办缘起及旨趣》，《给各方朋友一封公开的信》，中国文化书院学术委员会编：《梁漱溟全集》第六卷，山东人民出版社2005年版，第795～801，813 页。

1940年，梁漱溟自敌后返回重庆时。

　　梁漱溟在重庆办的勉仁中学乃至勉仁文学院都以"勉仁"命名，这与梁漱溟受儒家思想的影响有关。众所周知，儒学思想文化的核心就是"仁"，勉仁学校，顾名思义就是取儒家"勉以行仁"之意。"儒家之学在求仁。'仁者，人也；'即求实践其所以为人者而已。"[1]"力求实践其所以为人者所必勉之者而已。勉乎此，虽不能至，而于仁为近，于不仁为远矣。"[2]"仁，人心也；人之所以为人者独在此心，其异于禽兽物类者几希。"[3]对仁的最简单明了的注释莫过于仁即是心。据当年勉仁文学院的学生唐宦存解释："仁，是二人，许多人，大家友好相处。仁是做人的最高境界。梁先生办学，目的在于对学生'勉以行仁'，教学生'认识旧中国，建设新中国'。"[4]梁漱溟在重庆期间的教育思想与活动虽然对以前的乡村教育实验思想及活动仍有执着及保留，但由于种种原因已经开始有所转向，主要的表现是，新儒学教育的实践以及将儒、佛、西学三者糅合建构的思想探索历程。

［1］梁漱溟：《礼记大学篇伍严两家解说合印序》，中国文化书院学术委员会编：《梁漱溟全集》第四卷，山东人民出版社2005年版，第3页。
［2］梁漱溟：《礼记大学篇伍严两家解说》，中国文化书院学术委员会编：《梁漱溟全集》第四卷，山东人民出版社2005年版，第9页。
［3］梁漱溟：《礼记大学篇伍严两家解说》，中国文化书院学术委员会编：《梁漱溟全集》第四卷，山东人民出版社2005年版，第11页。
［4］佚名：《梁漱溟在北碚》（上），中国人民政治协商会议重庆市委员会网站。

勉仁中学

梁漱溟于1940年2月在重庆璧山县来凤驿创办了勉仁中学，1941年迁至北碚金刚碑，并在此创办了勉仁书院。1946年，勉仁书院改建为勉仁国学专科学校，1948年改为私立勉仁文学院。梁漱溟任董事长兼校长，并亲自授课，设有中国文学、历史、哲学三系，1950年5月停办。勉仁中学、勉仁书院、勉仁国学专科学校以及后来的勉仁文学院，一般统称为"勉仁学系"。

平民教育家晏阳初在河北定县进行的乡村平民教育运动也因抗战爆发而中断，后退到重庆继续从事乡村工作。在此期间，晏阳初因受梁漱溟教育思想的影响，在重庆的乡村工作改用了乡村建设的名称。1939年5月，晏阳初以中国乡村建设学会教育委员会名义提出、学会理事会讨论通过，由他在重庆负责筹办"乡村建设育才院"，1945年改称"乡村建设学院"，成为中国第一所乡村建设学院，着手乡建人才培养，梁漱溟、卢作孚皆为学院董事会成员。1941年，又在璧山县设实验区作为学生研究基地，1946年将实验区扩大到四川省第三行政区全区，称为华西实验区，进行了卓有成效的乡村建设工作。

该时期梁漱溟的思想认识及活动方式有所改变，他认为一个国家教育制度的改造，有其客观条件，不可急功近利，自己的能力有限，而青年期是人生的关键期，所以先把中等教育放在第一位，然后再逐步改造教育体制。基于以上设想，勉仁中学得以诞生。

一国教育制度之根本改造，有其时，有其势；客观因素不至，吾不能急切以求之也。理想制度之实施，既且有待；现行学校教育之补偏救弊，夫何能已。若中学教育尤为人所关切者。青年期（12岁至18岁；亦曰成丁期）为人一生关键，其心理生理之发育开展在是，而易受贼害，亦在乎是。中等教育适当此期，于此而不得其当，心窃伤痛之也。[1]

梁漱溟任勉仁中学董事长，推定陈亚三和黄艮庸等发起筹备。陈亚三参加过山东邹平的办学，而黄艮庸参加过广东省立一中的办学，可以说两人对中学的办学都比较有经验，让他们两个来筹备是再合适不过了。

勉仁中学于1940年秋开学，以"仁以立志，奋勉求学"[2]为校训，张俶知任校长。张俶知，四川丰都人，北京大学肄业，曾任山东乡村建设研究院教务主任及研究部导师，四川南充省立民众教育馆代理馆长，北碚勉仁中学、丰都中学校长。作为勉仁中学的第一任校长，他热心教育，对勉仁中学有着深厚的感情。诚如他在回忆录中所说："我协助梁漱溟办乡村建设学院，以后办勉仁中学，勉仁文学院（张俶知曾任该院副院长），花费了我大半辈子的精力，都是为了办教育事业，为了中国的前途在工作，没有想到自己的前途如何。"[3]

勉仁中学分设高中部、初中部。高中部两个班，初中部两个班，均要进行入学考试，不合格不录取。班上学生不等，其中初中两个班有五十来人，有璧山当地的，有附近各县的，还有从沦陷区来的。当时，梁漱溟的儿子梁培宽和梁培恕、陈亚三的儿子陈道宗都在此学习。勉仁中学的办学不同于以往的中等学校，而是贯彻了儒家"勉以行仁"的思想。为了减轻学生负担，让更多的学生有

---

［1］梁漱溟：《创办私立勉仁中学校缘起暨办学意见述略》，中国文化书院学术委员会编：《梁漱溟全集》第六卷，山东人民出版社2005年版，第59页。
［2］佚名：《教育家梁漱溟重庆轶事》。
［3］黎炎：《张俶知与勉仁中学》，中国人民政治协商会议西南地区文史资料协作会议编：《抗战时期西南的教育事业》，1994年版，第256页。

受教育的机会,勉仁中学所收学费比其他私立中学要低一半。学生每期每人缴黄谷四斗,这只够全校每期开支的30%,余下70%的经费尚需学校自筹。如学校办农场、工厂、商店,募捐,还得到卢子英区长的支持,参与北碚面粉公卖处的推销、抽取一点酬劳费等。全部自筹经费,都用于学校的开支。[1]

学校重视劳动教育,每周设劳动课,劳动课大多是去西寿寺教师宿舍附近菜地种菜。张俶知早先在广东省立一中任职时,就特别重视劳动教育,把在学校学到的理论知识同实践结合起来,对学生进行阶级教育和革命知识教育,着重培养工农革命分子,直至办勉仁中学,学生参加生产劳动,这既是乡建理论的体现,也是他在广东省立一中实行半工半读、勤工俭学思想的继续。

勉仁中学不上国民党的公民课,却增选《论语》精华作为教材,梁漱溟本人曾亲自编写讲义给学生讲授仁义道德,让学生了解儒家先贤孔子的言行思想和"修身齐家治国平天下"的主张,继承文化遗产,弘扬民族文化。与此同时,梁漱溟还实行班主任责任制,对学生进行指导、督促和检查。

此外,梁漱溟还将朝会的形式保留下来,大家坐在一起互相讨论学问、聊天交友,从而提升师生知识水平和道德修养。

由于勉仁中学不同于其他中学,在教学上采取了新的措施,教授新的内容,因此不为国民党当局所容,而采取了各种措施来阻止其继续开办。不得已,梁漱溟于1941年在卢作孚、卢子英兄弟的帮助下将勉仁中学从璧山迁到了北碚。

20世纪初的北碚是巴县的一个小乡镇。1927年3月,民族实业家卢作孚接任江北、巴县、璧山、合川四县特组峡防团务局长,驻防北碚,因此以此为中心开

---

[1] 黎炎:《张俶知与勉仁中学》,中国人民政治协商会议西南地区文史资料协作会议编:《抗战时期西南的教育事业》,1994年版,第254页。

展乡村建设。到1936年4月，正式成立嘉陵江三峡乡村建设实验区署时，北碚已是初具规模的小市镇了。但是，北碚的真正兴旺发展，却始于抗日战争时期重庆定为陪都、北碚被划为迁建区之后。一时间，在北碚及其附近的乡镇，迁进了上百的政府机关、科研机构、大专院校、文化单位，云集了上千的政治家、科学家、教育家、文化艺术家，北碚也从此闻名遐迩，被人们称为"陪都的陪都"。

　　回忆起在北碚的岁月，梁漱溟说道："1941年我将创办不久的勉仁中学迁至北碚。1946年尾，我退出和谈、辞去民盟秘书长职务后，便在这景色宜人的北碚息影长达三年之久，静心从事著述；《中国文化要义》一书即写成于此时。1948年我又与一般朋友创办勉仁文学院于北温泉，从事讲学活动，直到1949年

梁漱溟在重庆北碚时期。　　　　　　梁漱溟《中国文化要义》手稿之
　　　　　　　　　　　　　　　　　一页，1942年。

底四川解放后来北京,才离开北碚。在上述我在北碚从事的种种活动中,自然得到作孚先生以及子英先生的热心支持和帮助。"[1]

提到卢作孚,一般都认为他是一位爱国实业家,其创办的民生实业股份有限公司在短短十年间便发展成为旧中国最大、最具影响的民营航运企业,因此他也被冠以"中国船王"的称号。同时,他倡导的"民生精神"也被誉为20世纪"20年代至40年代内企业文化建设卓有成效的一个典范"。20世纪50年代中期,毛泽东在与黄炎培、卢作孚等谈及中国民族工业发展过程时说,有四个实业界人士是万万不能忘记的,他们分别是"搞重工业的张之洞,搞化学工业的范旭东,搞交通运输工业的卢作孚和搞纺织工业的张謇。他们都是为发展我国民族工业有过贡献的人"[2]。

卢作孚。

值得注意的是卢作孚同时也是一位教育家。诚如卢作孚所言:"自己现在是办实业的,但实际上是一个办教育的,几乎前半生的时间都花在办教育上,而现在所办的实业,也等于是在办教育。"[3]他早期从事记者、教学工作,开展民众教育实验,后期投身民生公司航运业后实践职工教育和乡村建设实验。梁漱溟说:"作孚先生还热心致力于地方和农村建设事业。重庆北碚就是他一手筹划和开创而发展起来的,作孚先生及其胞弟卢子英,从清除匪患,

[1] 梁漱溟:《怀念卢作孚先生》,中国文化书院学术委员会编:《梁漱溟全集》第七卷,山东人民出版社2005年版,第526页。
[2] 有清、华忠:《状元改行——张謇小传》,载《青年一代》1982年第1期。
[3] 卢作孚:《如何彻底办教育》,载1948年4月22日《嘉陵江报》。

整顿治安入手，进而发展农业工业生产，建立北碚乡村建设实验区，终于将原是一个匪盗猖獗、人民生命财产无保障、工农业落后的地区，改造成后来的生产发展、文教事业发达、环境优美的重庆市郊的重要城镇和文化区，现在更成为国内闻名的旅游胜地。"[1]

卢作孚除了自己积极开展乡村教育实验之外，还帮助志同道合的人一起来办教育，其中梁漱溟在重庆的勉仁学校就得到了卢作孚的鼎力相助。卢作孚与梁漱溟结交约在抗日战争爆发前后，而梁漱溟在这之前早就听说过卢作孚的大名并心生敬仰。抗战前，他受卢作孚、卢子英兄弟的邀请，来到重庆，考察了卢作孚建立的嘉陵江三峡乡村建设实验区，并作了两次演讲。后梁漱溟在重庆璧山县来凤驿开办勉仁中学遭到国民党当局阻挠的时候，正是在卢作孚的支持下获得北碚政府的三万元拨款将勉仁中学迁至北碚，得以继续开办。

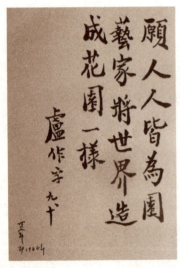

卢作孚手迹。

卢作孚对梁漱溟在北碚进行的教育活动帮助极大，而梁漱溟在与卢作孚的交往中，对卢作孚的评价也是极高的。在此，引用梁漱溟的一段话："抗日战争爆发，我撤退到大后方的四川之后，当时作孚先生与我所从事的活动虽不同，但地点均多在重庆，因此交往较多。在彼此交往中，更感到作孚先生人品极高。我常对人说：'此人再好不过！他心中完全没有自己，满腔里是为社会服务的事业。这样的品格，这样的人，在社会上找不到。'

---

[1] 梁漱溟：《怀念卢作孚先生》，中国文化书院学术委员会编：《梁漱溟全集》第七卷，山东人民出版社2005年版，第526页。

作孚先生有过人的开创胆略，又具有杰出的组织管理才能，这是人所共见。人们对他的了解较多的在此，人们常称道他的自然也多在此，但岂知作孚先生人品之高尚更是极难得的呀！"[1]

勉仁文学院

1948年春，勉仁国学专科学校迁到北碚北温泉松林坡，同年暑期改为勉仁文学院，分哲学、文学、历史三系。董事会有卢作孚、晏阳初、张群等，梁漱溟为董事长兼任哲学系主任。梁漱溟在《勉仁文学院创办缘起及旨趣》中指出："勉仁文学院何为而创立？它是为要作当前文化问题之研究。所谓漱溟之心愿者，即是自己蓄心从事于此研究已久，更愿创立一文化研究机构，萃聚师友以共同从事也。"[2]

梁漱溟认为，中国屡次改革都没有成效、没有使中国摆脱贫穷，是中国固有的文化造成的。如何创造文化的新局面，以摆脱当前的矛盾，完成历史的转变，是现代人的任务，现代人都应该关心并想办法解决，这正是勉仁文学院的使命与愿景。

如何创造文化之新局？此不能不把人类历史从过去到现在弄清楚。要知：一切未来莫不本于过去；矛盾之解决，还从矛盾中求得。对于旧的文化，新的文

[1] 梁漱溟：《怀念卢作孚先生》，中国文化书院学术委员会编：《梁漱溟全集》第七卷，山东人民出版社 2005年版，第525～526页。
[2] 梁漱溟：《勉仁文学院创办缘起及旨趣》，中国文化书院学术委员会编：《梁漱溟全集》第六卷，山东人民出版社2005年版，第795页。

化，东方文化，西方文化，任何一面绝不容掉以轻心。只有向此中深深作理会，才得看出一条路来。就中国说，认识老中国实为建设新中国之本。却是我们一向缺欠恰在此。[1]

　　文学院为大学制之一独立学院。在大学各学院中，文理二院之所讲求为学术根本所在，与法、商、农、工、医之主于学术应用者不同。文学院各种学问之主要对象在人，又与理学院各种学问之主要对象在物者不同。文学院之文，盖人文之文也。吾人为文化问题之研究，开办一特殊组织之研究最直接。不然，则办大学亦有足取。大学不徒为一教育机关，亦为一研究机关；且可以培养继起之研究人才。而其着手，则莫要于先办文学院。中国学问一向详于人事，忽于物理；而西洋反是。径不妨说，西洋学问在理学院；中国学问在文学院。吾人求认识老中国，文学院必居先，无可疑也。前既言之，一切文化转变，文化矛盾要在人生态度价值判断之间。理学院所讲，纯为科学；科学虽无所不究，独不及此。此为哲学所特有事；哲学则文学院主科也。且文化出于历史；欲知未来，必要审其过去。历史，又文学院之主科也。他日进一步，当开办毗于文学院之法学院。人事之学问在此，文化建设之研究亦在此也。至一切研究之有资于物质科学生物科学者，诚亦不少；是则赖于国内外学术机关之交换配合。凡事必有其重点；人务自抒其所长。以同人之力量绵薄，即此已感弗胜任，一时不敢侈言其他。[2]

　　梁漱溟一生关注的主要问题之一就是如何从中国的传统中开出未来中国文化的道路。可以说创办勉仁文学院是其理想的一个实现途径。在梁漱溟的领导下，勉仁书院及勉仁文学院集中了一大批著名的教授和学者，熊十力便是其

---

[1] 梁漱溟：《勉仁文学院创办缘起及旨趣》，中国文化书院学术委员会编：《梁漱溟全集》第六卷，山东人民出版社2005年版，第797页。
[2] 梁漱溟：《勉仁文学院创办缘起及旨趣》，中国文化书院学术委员会编：《梁漱溟全集》第六卷，山东人民出版社2005年版，第801页。

中之一。熊十力，著名哲学家，新儒家开山祖师，国学大师。1919年梁漱溟任北京大学讲师时，忽然接到熊十力先生从天津南开中学寄来的一张明信片，大体意思是：梁漱溟之前在《东方杂志》上发表《究元决疑论》质疑熊十力，熊十力说他骂得对，希望有机会面谈。不久，各学校放暑假，熊十力到北京找到梁漱溟，两个人谈得很愉快，这就是两个人结交的开始。1922年，熊十力来到北京大学，与黄艮庸、王平叔等多人朝夕共处多年。1924年夏，梁漱溟辞去北大工作，应邀去山东曹州讲学，熊十力也辞去北大工作与梁漱溟同往；第二年梁漱溟偕诸友回京，熊十力也是同回的。梁漱溟居处每有转移，熊十力都与他相从不离。抗日战争爆发后，梁漱溟四方奔走，熊十力也居无定所，两人直到1940年才相聚在四川璧山来凤驿。梁漱溟与几个弟子发起创办勉仁中学，后来又在北碚建立勉仁书院，邀请熊十力主持勉仁书院，熊十力欣然答应。后来梁漱溟忙于国事，先是组建中国民主同盟会，又去香港办《光明报》，而后又长期居住广西，熊十力则一直住在北碚，从事讲学和著述。他经常向学生们宣传民族精神，砥砺气节。他确信"日本人绝不能亡我国家，亡我民族，亡我文化"，以深沉的忧患意识和真挚的情感倾注在中国文化的存亡继绝上，改造传统学术，自创新论。[1]他为勉仁书院的发展和中国的抗日工作作出了巨大贡献。除熊十力之外，还有国学大师吴宓的支持，吴宓自西南联合大学解散后，入蜀定居，住在勉仁文学院，任文学教授，历经西南师范大学历史系、中文系教授。李源澄、邓子琴、曹慕樊、赵放卿、陈亚三、黄艮庸、李渊庭、张俶知等也将满腔热血倾洒在了勉仁。雄厚的师资力量，

熊十力。

---

[1] 重庆社会科学院哲学研究院编：《文化与人生——梁漱溟先生诞辰110周年纪念文集》，重庆出版社2004年版，第242页。

1942年10月18日重阳，梁漱溟50岁生日时留影于桂林。

无疑为文学院增添了不少光彩，他们以认识老中国为宗旨，致力于中国传统文化的研究，并把这种研究与时代的发展结合起来。

1949年6月，梁漱溟撰写的《中国文化要义》一书终告完成，由开明书店出版。梁漱溟晚年自述一生中的五部重要著作，最看重的就是完成于缙云山麓勉仁书院的《中国文化要义》以及晚年所著的《人心与人生》。作为现代新儒学的倡导者，《中国文化要义》集中体现了梁漱溟的新儒学理念，是他对中国传统文化思考成熟的代表作，书中阐明了中国文化的重要意义和精神所在，也即中国文化的特殊性。

梁漱溟在创办勉仁文学院时，曾对学生胡应汉说："吾无复邹平实验之趣，亦无意与政治为缘。所望于及门诸生者，能将吾之学问传下去，自有开花结果之日。"[1]而仁道正是儒学的核心要旨，也符合和谐文化建设需要，属于儒家传统精华，是弘扬中华文化、建设中华民族共有精神家园的基本内容，而这与《中国文化要义》一书的主题恰是可以相互印证的。

---

[1] 唐宝存、杜林编著：《师足寻迹——记现代新儒家宗师梁漱溟》，重庆市北碚区三峡印刷厂2003年印刷（内部交流本，内刊号048713），第145页。

　　1949年7月，勉仁文学院由于经费不足，难以为继，考虑停办。一直以来，勉仁文学院的办学经费主要来自社会支持和募捐，由于梁漱溟倡导平民化的办学思想，学费十分低廉，学院靠苦心经营勉强支撑。梁漱溟为继续开办学校，作出了很多努力，为给教师发工资，把夫人陈树棻的结婚首饰也变卖了，甚至想到了"卖"字筹措经费。1946年底，梁漱溟还在重庆《大公报》上刊发了《为勉仁学校、书院募捐启事》："奔走大局，疏于经营，今日归来，颇负债务……敬求各界同情人士海内知交惠予援助……惠捐五万元以上当作书（对联、屏幅、匾额等）为报，百万以上并当走谢。"[1]

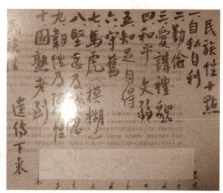

梁漱溟于重庆北碚从事《中国文化要义》的撰写。　　《中国文化要义》手稿。

不同版本的《中国文化要义》书影。

---

[1] 梁漱溟：《为勉仁学校、书院募捐启事》，中国文化书院学术委员会编：《梁漱溟全集》第六卷，山东人民出版社2005年版，第701页。

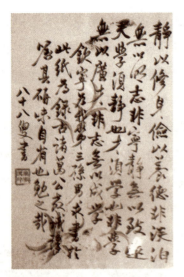

梁漱溟书诸葛亮名句。

梁漱溟晚年书法。

　　作为学富五车的大家，书法虽不是梁漱溟的"主业"，但他那极具书卷气的笔墨，却受到许多人的追捧。据其学生及后人回忆，在此之前，梁先生为人作书从来都不收润笔，而这次破天荒地在报纸上公开发表自己的有偿服务启事，完全是为了给办学筹募经费。"启事"刊出之后，前来向梁漱溟索要书作的人络绎不绝，也暂时缓解了办学经费的燃眉之急。

　　1949年春，南京国民政府行将崩溃。李宗仁担任代总统后，就让梁漱溟去南京商谈国事，梁漱溟以"不行动"为由，谢绝了邀请。李后来又派程思远去北碚，并送去一大笔钱，但梁漱溟认为时局已至此，现在他也帮不了什么忙而再次拒绝。但钱他收下了，因为勉仁办学经费正十分困难，也正因为这笔为数不少的经费，使勉仁度过了难关。

　　1950年1月中旬，梁漱溟受毛泽东、周恩来的邀请，去北京参加政府工作，勉仁文学院即由院委员会副主任邓子琴任代理院长。虽然勉仁的办学状况一

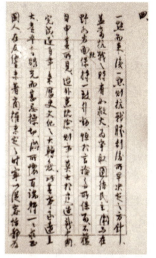

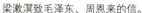

梁漱溟致毛泽东、周恩来的信。

直处于惨淡经营的境地，但最终勉仁中学及勉仁文学院的停办，其主要原因恐怕还不是经费问题。

在1949年3月初出版的《大公报（重庆版）》上，还曾看到勉仁中学及勉仁文学院"伙食团未雨绸缪，煤米油盐可用一学期"的报道。7月19日《国民公报》的消息称，其停办理由据梁漱溟表示：与理想相违背。[1]据1947年就读于勉仁文学院的唐宦存说，梁漱溟将学校冠以"勉仁"之名，目的在于对学生"勉以行仁"，是其"教育救国"理想的具体实践，但最终并没有实现其教育救国的理想。从唐宦存的话以及梁漱溟拒绝李宗仁的行为来看，我们看到的是一位爱国进步教育家对国民党当局的彻底失望。换言之，正是因为梁漱溟对当局的失望，才停止了勉仁的办学。对于学校停办过程及相关情形，梁漱溟说：

[1] 佚名：《勉仁文学院院刊》。

1949年于重庆北碚迎接解放军进城。

我对主席陈明我在川中办学情况。主席指示勉仁文学院可交西南大区文教部接收，所有教职工及学生各予适当安排。其中随我工作多年的人亦可以令其来京仍随我工作。当下主席对林老林伯渠嘱咐：梁先生的这些人员到京之时，请林老决定安置。至如勉仁中学可以续办一时期，以后再交出，全由国家统一办理。其后勉仁文学院教职员工和学生多并入西南师范学院，其中副院长陈亚三则来京，以我的秘书名义安置在政协。勉仁中学最后亦交出，改为重庆第二十二中学。[1]

勉仁文学院由西南大区文教部接收并入西南师范学院，成为西南师范学院（现今西南大学）文科的重要组成部分，对川渝两地乃至全国高等教育事业都有所贡献。之后，勉仁中学又续办一期也移交给了地方政府，校址位于嘉陵江畔、缙云山下的金刚碑五指山11号，1993年更名为重庆市第二十二中学，后改为重庆市勉仁职业中学，2003年成为市级重点职业中学，2004年勉仁职中与北碚职业教育中心合并，挂北碚职业教育中心勉仁教学部（亦称勉仁职业教育中心）牌，算是保留了梁漱溟创建存续七十年的勉仁文化品牌。虽然这种影响更多呈隐性方式，但显性方式也不能说没有，某种意义上可以认为勉仁的精神还在！

---

[1] 梁漱溟：《追记在延安北京迭次和毛主席的谈话》，中国文化书院学术委员会编：《梁漱溟全集》第七卷，山东人民出版社2005年版，第443～444页。

十 风雨过后是彩虹

1938年7月6日，在武汉召开的第一届国民
参政会与会代表合影。

梁漱溟的一生，做过记者、教员、编辑，不论是从事哪一种行当，他始终都在为解决人生问题和社会问题而努力，晚年的梁漱溟更是为国内和平和建设而奔走，可以称为一个不折不扣的社会活动家。尽管在这期间曲曲折折、反反复复经历过诸多误解与不公待遇，梁漱溟依然保持着儒者的气质，历经风雨之后，现于天际的是绚烂彩虹。

万象更新　特立独行

梁漱溟一生关心国事，少年时期阅读各种时报，中学参加京津同盟会，毕业之后（1911）即投入革命，1913年同盟会改组为国民党，梁漱溟便自动离开了。1916年，袁世凯死，黎元洪继任大总统，恢复国会，南北统一，是年8月，梁漱溟得时任司法总长张耀曾推荐，担任司法部秘书。1917年5月中旬，安徽督军张勋拥清逊帝溥仪复辟，政府改组，张耀曾下野，梁漱溟去职南游，10月由湖南回北京，次年到北大任教。1924年离开北大赴山东办学，开始了坎坷的乡村建设之路。梁漱溟推行乡村建设运动的最终目的在于解决中国社会问题，因而他时刻关注中国时局变化，作为一名乡建领导者，他及时调整乡建内容与方式来应对环境变化；作为一名爱国热血人士，他经常奔走各地参与政治活动。"七七事变"爆发后，梁漱溟坚持军民团结抗日，一面动员群众宣传抗日，一面对韩复榘的不抵抗和撤退行为进行说服并抗争。

其实自此之前，梁漱溟便应时任四川省主席刘湘的邀请，于1937年5月底飞抵重庆和成都两地，在一个月内为如何抗敌作了三十几次的演讲。例如，6月13日，他在成都省党部大会场作了《我们如何抗敌》的演讲，说明乡村工作和抗战的关系，指出："我们正是准备抗敌，才从事乡村工作。""中国今日要抗敌，应采取两原则：一是必须靠无限的兵力……一是不求摧敌于一朝，而要能与之作持久战，取得最后胜利。"因之需要："一、增厚国民的抗敌情绪及能力；二、加强政府的抗制力量。"并指出当时存在的问题："上下之情未通；""民众都缺乏组织与训练；""要政府的力量强大，希望老百姓支持政府似难，要下层机构健全灵活更作不到。""比得要启发出老百姓拥护政府的情绪，并且加以训练及组织才行。""就是要从农业和农民入手作工夫。""所谓从农业和农民入手的工夫有二：一、先解除农业上种种妨害（灾害、匪患、苛捐杂税等等）；更进而积极促兴农业（技术、金融、合作等等）。二、切近农民日常生活给予以组织训练（自卫、自治、合作等等）；更进而为临时对外抗敌的组织训练。""为何定须如此作工夫的理由：一、国民之大多数在农民。二、非政府关切农民生活问题，替他设法，则农民不会爱国，不会拥护政府。三、非感情相通，则组织训练不会成功。四、非有日常生活上的组织训练，则临时抗敌的组织训练就无根。""我们的乡村建设工作，正是切近农民日常生活加以教育及组织，健全地方下层机构，为政府统治运用之准备；正是解除一点农业上的痛苦，培养农民爱国情绪，并增加其抗敌能力的。所以我们正是从事抗敌的工作。""我们主张扩大乡村建设工作以应敌。"

1937年6月至8月，梁漱溟奔波于成都、重庆、武汉、北平及上海之间，宣传抗日，参加社会政治活动，围绕教育与抗战的问题撰写论著。1937年8月11日、12日，连续在上海《大公报》发表《怎样应付当前的大战》。提出抗战"实行系统化、民主化、国力化"的观点。即主张：第一，全国军民的动作，乃至他们的生活，都要在最高统一的军令、政令下面动作而生活。第二，政治要民主化，政府与社会打成一片。第三，有钱的出钱，有力的出力，有知识的出知识。同时提出十四条具体主张，其中包括国家及地方行政的大改革；教育制度的改革；政治的改造等等。其关于战时教育改革的设想非常独到，且对成都演讲作了拓展及深化。他在文中对战时国家各种力量的统一配合及合理调控、发挥出结构功能作了构思，分为两大系统来加以论述，可以说是他抗战时期认识教育问题的基础，也是北碚办学讲学的思想导向。

论文发表的第二天，"八一三"上海淞沪战役爆发，梁漱溟即启程去南京赴会。8月17日，梁漱溟被首次邀请参加最高国防会议参议会，他自认为这是其参与上层（中央一级）政治活动的开始。

在参议会上，梁漱溟第一次见到了周恩来。参议会结束之后，梁漱溟自觉国民党方面令人失望，便萌生了去延安看看的想法。1938年1月1日，梁漱溟从武汉乘飞机抵达西安，在林伯渠的帮助下乘坐往延安运送物资的大卡车辗

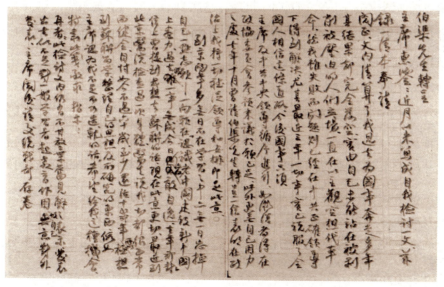

梁漱溟致林伯渠转毛主席信。

转到达延安。他此行主要是做两件事："一是对于中国共产党作一考察。二是对于中共负责人有意见要交换。"抵达延安后，梁漱溟首先见到的是党的总书记张闻天，在他的安排下与革命军事委员会主席毛泽东进行了会谈。谈话的地点不在窑洞而是在一间瓦房里，屋内没有炉子却很暖和，在这里梁漱溟和毛泽东进行了两次重要

梁漱溟与毛泽东交谈。

的谈话。第一次谈话是自下午六点至次日凌晨，讨论的是中国的前途问题。第二次谈话也是自下午六点，不同的是，这次直到天明仍欲罢不能，谈话的内容集中于如何建设一个新中国的问题。在这个问题上，梁漱溟和毛泽东的分歧较大，他在晚年回忆这场讨论时说：

　　我讲了许多，毛泽东耐心听着，有时插话。他强调说，中国社会有其特殊性，有自己的传统，自己的文化，就都是对的，但中国社会却同样有着与西方社会共同性的一面。他说我的观点是太看重了中国社会的特殊性一面，而忽略了共同性即一般性的一面。我则说他是太看重了一般性的一面，而忽略了最基本、最重要的特殊性的一面。两人相持不下，谁也没有说服谁。

　　现在回想起这场争论，使我终身难忘的是毛泽东的政治家的风貌和气度。他

穿着一件皮袍子，有时踱步，有时坐下，有时在床上一躺，十分轻松自如，从容不迫。他不动气，不强辩，说话幽默，常有出人意外的妙语。明明是各不相让的争论，却使你心情舒坦，如老友交谈。他送我出门时，天已大亮。我还记得他最后说，梁先生是有心之人，我们今天的争论不必先做结论，姑且停留听下回分解吧。[1]

两次长谈之后，梁漱溟参观了延安，惊觉延安条件很差，但人的精神风貌却很好。梁漱溟便将随行而来的胞妹新铭之子邹晓青留在延安，参加了革命。1938年1月25日梁漱溟回到西安，后又去了开封、曹州、徐州进行抗日宣传工作。7月6日至15日，国民参政会在汉口召开第一届第一次会议，梁漱溟被选为参政员参加大会，在会上提出了一个建议案、三个询问案。

国民参政会肩章。

后时局变化，梁漱溟以国民党参政员的身份由武汉转到了重庆。10月28日至11月6日，梁漱溟出席在重庆召开的第二次参政会，就上届有关问题的提案是否进行，进行到何种程度进行询问，然而并无答复，由此感到国民党猜忌排外。另外，梁漱溟人虽在大后方重庆，却常常惦记那些熟

国民参政会记者证。

---

[1] 汪东林：《梁漱溟问答录》，湖南人民出版社1988年版，第63～64页。

　　1939年春，梁漱溟自重庆大后方出发，赴山东敌后游击区巡视，途中常昼伏夜行，历尽艰险。八个月后抵洛阳。图为与同仁的合影，前排右三为梁漱溟，右四为随行秘书，右二为随行军事参谋王靖波。

　　1939年4月，梁漱溟写给儿子的信，其中叙述了巡视敌后的情况。

悉的人和地，因此决定到鲁豫苏皖地区巡视考察一番。1939年2月2日，梁漱溟率同黄艮庸、王靖波、王福溢、李建三、翟茂林、张荫平六人自重庆启程，经西安、洛阳，共历经豫东、皖北、苏北、鲁西、鲁南、冀南、豫北、晋东南各敌后游击区，后渡黄河返抵洛阳，再辗转回到成都。这次行程"出入于敌后游击区域8个月，到过6个省的8个地区，经过的县市有50多个（只是山东就有22个），食、宿过的集镇、村庄将近200个。经历多次惊险奔波，备尝饥渴风雨之苦，而且多数是在黑夜赶路，其辛苦可想而知"[1]。其间梁漱溟脚部受伤，后又患了痢疾。同年10月初，梁漱溟在成都会见晏阳初、黄炎培诸公，他们一致认为国民党的顽固派破坏抗日民族统一战线的举动势必造成国共两党矛盾加剧而妨碍抗战，将来也有可能产生内战，因此必须联合第三者解决。于是，有了成立"统一建国同志会"的举动，这个"统一建国同志会"便是"中国民主政团同盟"的前身。1939年11月29日，"统一建国同志会"成立，其宗旨是"集合各方热心国事之上层人士，共就事实探讨国事政策，以求意见之一致，促成行动之团结"[2]。

统一建国同志会成立期间，梁漱溟（右）与黄炎培在重庆合影。

[1] 李渊庭、阎秉华编著，梁漱溟亲修：《梁漱溟》，群言出版社2011年版，第139页。
[2] 汪东林：《梁漱溟问答录》，湖南人民出版社1988年版，第69页。

梁漱溟在香港创办的《光明报》。
（报名题字为梁漱溟墨迹）

1941年皖南事变发生之后不久，各党派深感团结抗战十分必要。梁漱溟与黄炎培、左舜生、章伯钧、罗隆基、张君劢相聚，正式决定将"统一建国同志会"改建为"中国民主政团同盟"。同年9月18日，中国民主政团同盟机关报《光明报》在香港创刊，梁漱溟任社长。之后中国民主政团同盟会便以中间党派的身份出现在国民党统治区，开始独立的社会政治活动。

1942年至1944年，梁漱溟在景色秀美的故乡桂林生活，其间虽有些社会活动及朋友往来，但基本上过着半隐居式的生活。这三年间，政治及教育活动上没有太大的成就，而个人生活上却发生了一次戏剧性变化，这就是他的第二次婚姻。我们在前边提到，黄夫人靖贤的不幸去世使梁漱溟悲痛万分，他于夫人死后的第三天宣布自己再不续娶，以报答夫人为自己作出的牺牲和留给自己为社会服务的机会。梁漱溟信守诺言一个人过了差不多十年时间。在这十年间，梁漱溟确实如他自己所说的那样，充分利用亡妻留给他的机会和时间，忙于思考，忙于国事。十年过去，两个孩子渐渐长大：长子1925年出生，此时18岁；次子1928年出生，此时亦15岁；而梁漱溟本人也年过半百，需要有人照顾。于是逐渐改变初衷，他与比自己小三岁、一直没有婚配、毕业于北京师范大学教育系的陈树菜女士结婚。陈树菜原籍广西，是梁漱溟同乡，时任桂林中学教师。

1944年1月23日下午，梁漱溟、陈树菜的婚礼在桂林市一家旅馆的宴会厅举行。桂林文化界、学术界一百多人前来庆贺。婚礼由梁漱溟的老友李济深主持，他先向来宾宣布了婚礼的程序，接着由原广西大学校长、著名作家白鹏飞致词。白鹏飞的讲话声音洪亮又不乏幽默。他说："梁先生原籍桂林，抗战开始后方归故里。但他在桂林并无家室，既无家室，何言回家？那么最好就是着手建立家庭。敞开的心扉自然容易被人占据。陈树棻女士出阁甚晚，因为她一直要嫁给一位哲学家。于是梁漱溟因抗战而返回故里，陈树棻女士就趁虚而入了。"白鹏飞的话引起满堂喝彩，然后由诗人柳亚子和戏剧家田汉宣读"贺婚诗"。田汉不愧为艺术大师，"贺婚诗"被他念得甚为动人，屡屡引起雷鸣般的掌声。一向不苟言笑、态度严肃的梁漱溟在婚礼上也变得轻松而幽默，不停地和来宾们说话、开玩笑。他还应大家的要求唱了一出评剧《落马湖》，获得众人一片喝彩。词曰："多蒙老大指明路，连夜即奔落马湖。拜上君兆好言诉，披星戴月赶前途。"歌毕，梁漱溟用京剧念白说了声"我去也"，便挽着新娘兴冲冲地走了。从此，陈树棻与他共同走过风雨兼程的三十五年。

1944年9月19日，中国民主政团同盟在重庆上清寺特园召开全国代表会议，将"中国民主政团同盟"改为"中国民主同盟"，向无党派人士敞开了大门。作为民盟的九名代表（张澜、沈钧儒、黄炎培、张东荪、章伯钧、罗隆基、张君劢、张申府、梁漱溟）之一，梁漱溟出席了1946年1月10日在重庆召开的政治协商会议。会后不久，梁漱溟再赴延安，到达延安的第一天就见到了毛泽东。次日，毛泽东与共产党内的十位领导人听取了梁漱溟的发言。梁漱溟对中国文化传统和社会进行了分析，表达了自己的希望与理想。1946年4月，梁漱溟接任民盟秘书长，参与国共和谈，李公朴、闻一多血案发生后，协同民盟总部秘书处主任周新民前往昆明调查。年底，梁漱溟为之努力的国共和谈破裂，梁漱溟随之陷入苦闷之中，自感心力交瘁，搞不了政治，决心退出和谈，便辞去民盟秘书长一职，退居重庆北碚。

1949年12月重庆解放，1950年1月中旬，梁漱溟离开重庆到达北京。3月10日，梁漱溟在火车站迎接从莫斯科归来的毛泽东和周恩来，时隔多年，梁漱溟再一次见到了毛泽东。除了前面提到的1938年和1946年两赴延安之外，梁漱溟与毛泽东之间的交往还应追溯到1918年，当时的梁漱溟正在北京大学任教，而

1946年梁漱溟（左一）与民盟同人合影。右一史良，右二叶笃义，右三张澜，左三沈钧儒，左二辛志超。

毛泽东则是北大图书馆的管理员，梁漱溟经常去好友杨怀中家里串门，给他开门的总是客居杨家的毛泽东。1950年与毛泽东的再次相见，梁漱溟受到了伟人的厚待，此后的几年间二人经常谈话，梁漱溟还赴山东、河南等省参观访问，参加了土地改革运动。梁漱溟成了毛泽东的座上宾，而在梁漱溟眼中，毛泽东也俨然是一位老朋友了。也许正是因为这样的情谊，才发生了1953年梁漱溟顶撞毛泽东一事。事情发生在9月8日至18日，起初是梁漱溟列席中央人民政府委员会扩大会议。9月8日，周恩来作了关于过渡时期总路线的报告，9月9日开小组会讨论，梁漱溟对此路线深表赞同。9日会后，周恩来提议梁漱溟在第二天的大会上说一说，发表一下意见。次日大会上与会者发言极其踊跃，梁漱溟的发言改到了11日，在11日午后大会上，梁漱溟即席发言，要点有三：

连日听报告，知道国家进入计划建设阶段，大家无不兴奋。前后已有多位发言，一致拥护，不过各人或由工作岗位不同，或由历史背景不同而说话各有侧重罢了。我亦愿从我的岗位（政协一份子）和过去的背景说几句话。

1950年1月，梁漱溟应邀从四川来北京，受到毛泽东主席接见。按照毛主席的建议，1950年4月、5月、8月，梁漱溟分别赴山东、河南、东北考察。图为在山东青岛时留影。左三为梁漱溟，左一、左四分别为随同参观的长子梁培宽、学生李渊庭。

　　我曾经多年梦想在中国能展开一个伟大的建国运动。四十年前我曾追随过旧民主主义革命，那时只晓得政治改造，不晓得计划建国。然而我放弃旧民主革命已有三十年了。几十年来我一直怀抱计划建国的理想，虽不晓得新民主主义之说，但其理想或目标却大体相合。由于建国的计划必须方方面面相配合相和合，我推想政府除了已经给我们讲过的建设重工业和改造私营工商业两方面之外，像轻工业、交通运输业等等如何相应地发展，亦必有计划，希望亦讲给我们知道。此其一。又由于建国运动必须发动群众、依靠群众来完成我们的计划，就使我想到群众工作问题。在建设工业上，我推想有工会组织可依靠就可以了；在改造私营工商业上，亦有店员工会、工商联和民主建国会；在发展农业上，推想或者是要靠农会。然而，农会虽在土改中起了主要作用，土改后似已作用渐微。那么，现在只有依靠乡村的党政干部了。但据我所闻，乡村干部的作风，很有强迫命令、包办代替的，其质其量似乎都不大够。依我的理想，对于乡村的群众，尤其必须多下教育工夫，单单传达政令是不行的。我多年曾有纳社会运动于教育制度之中的想法，这里不及细说，但希望政府注意有更好的安排。此其二。

还有其三，是我想着重点出的，那就是农民问题或乡村问题。过去中国将近三十年的革命中，中共都是依靠农民而以乡村为根据的，但自进入大城市之后，工作重点转移于城市，从农民成长起来的干部亦都转入城市，乡村便不免空虚。特别是近几年来，城里的工人生活提高得快，而乡村的农民生活却依然很苦，所以各地乡下人都向城里（包括北京）跑，城里不能容，又赶他们回去，形成矛盾。有人说，如今工人的生活在九天，农民的生活在九地，有"九天九地"之差，这话值得引起注意。我们的建国运动如果忽略或遗漏了中国人民的大多数——农民，那是不相宜的，尤其中共之成为领导党，主要亦在过去依靠了农民，今天要忽略了他们，人家会说你们进了城，嫌弃他们了。这一问题，望政府引起重视。[1]

　　梁漱溟发言过后，时任农业部部长的李书城就农村问题作了答复，周恩来会末总结时也进行了补充说明，二人均没有批评指责的意思，副主席李济深还对梁漱溟的发言表示赞同。

　　然而，在随后一段时间，梁漱溟在多种场合遭到批评、批判。为避免造成更严重的局面，梁漱溟开始在家"闭门思过"。

　　1966年8月，"文化大革命"爆发，梁漱溟内心很是困惑与难过。1966年8月18日以后，北京的红卫兵上街破四旧，蛮横闯入了梁漱溟在北京西城积水潭边上的小铜井1号四合院内，占据院落，监督梁漱溟劳作长达十余天，而此时的梁漱溟已年逾古稀。除此之外，红卫兵还勒令梁漱溟自动降低工资，每月仅有几十元钱生活费，好在第二个月政协又将工资悉数补发回来，梁漱溟后来细想应是得了周总理的照顾。诟骂、劳动和减少工资都可以接受，在这场事件中最令梁漱溟痛心的当是红卫兵烧毁了梁家三代的藏书、手稿和字画！1968年7月，梁漱溟被要求搬出小铜井1号，移居鼓楼钟铸厂两间西向的

---

　[1]　汪东林：《梁漱溟问答录》，湖南人民出版社1988年版，第131～132页。

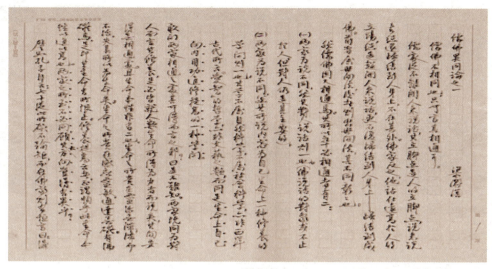

1966年8月24日，梁家被红卫兵抄家，房屋被占，藏书、资料被损毁。梁漱溟在逆境中依然致力于学术研究，先后写出《儒佛异同论》《中国——理性之国》《人心与人生》等论著。图为《儒佛异同论》手稿。

小屋，直到1970年搬至居于朝阳区新中街的一套两居室。

"文化大革命"期间，许多民主人士被批斗，或锒铛入狱或下放改造，梁漱溟受到冲击后一直闲散在家，1970年下半年，恢复政协直属组的学习。1974年，全国掀起"批林批孔"运动，梁漱溟在别人纷纷表态时一言不发，打算静观其变，然而在政治学习会上却遭到指责，江青在首都体育馆鼓动"批林批孔"时还怒斥"梁漱溟何许人也"。不开口不能过关，于是经过充分准备后他表明了自己的观

"文化大革命"中削瘦的梁漱溟。

出席中国人民政治协商会议第五届全国委员会第一次会议的委员合影。

1978年10月10日重阳节，梁漱溟85岁生日，游北京香山卧佛寺留影。自右至左为田镐、王星贤、梁漱溟、刘公纯。

点：批林但不批孔。言论一出，立即招来猛烈攻击，持续了将近一年，之后梁漱溟又开始保持沉默。1976年，周恩来、朱德、毛泽东先后辞世，江青反革命集团被粉碎。1978年2月，全国人大五届一次会议和全国政协五届一次会议同时在北京召开，会上对于"文化大革命"的评价和毛主席的功过只允许说赞成话而不许呈反对意见，梁漱溟的发言又一次遭到批判，直到1979年中共十一届三中全会召开，批判会才草草收场。

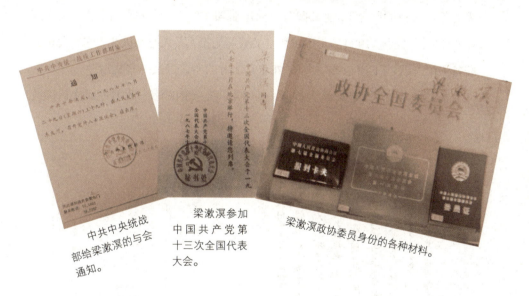

中共中央统战
部给梁漱溟的与会
通知。

梁漱溟参加
中国共产党第
十三次全国代表
大会。

梁漱溟政协委员身份的各种材料。

　　十一届三中全会的胜利召开标志着中国进入一个新的历史时期,梁漱溟的
境遇也逐渐好转。1980年,当选为人大宪法修改委员会委员、全国政协常委会
委员;1985年,93岁的梁漱溟以政协委员的身份参加在政协礼堂三楼大厅举办
的新年茶话会;1988年,96岁的梁漱溟当选为全国政协七届常委。晚年的梁漱
溟历经风雨,终于迎来了自己的春天。

对新儒学的执着

晚年在政治上遭到公开批判而沉寂多年的梁漱溟并没有消沉，而是以佛家心态淡然处之，他每日到公园散步、习拳，之外就是读书、写作。1955年7月，62岁的梁漱溟重新整理旧稿，撰写《人心与人生》一书，以期给学术界介绍古代东方学术，但1966年突遇"文化大革命"运动，所存资料与书稿尽毁。在手头无任何资料的情况下，他又撰写了《儒佛异同论》，而《人心与人生》也直到1975年7月才完稿，1984年得以出版。梁漱溟为撰写《人心与人生》作了大量的准备工作，阅读了四十多位古今中外专家学者的专著以及一些文章。

《人心与人生》是梁漱溟晚年的一部巨著，历时颇长，此书完成之后即改

梁漱溟《儒佛异同论》手稿之一页，1966年。　　　《人心与人生》自序手稿之一页，1955年。

写《东方学术概观》，后又出版《我的努力与反省》《梁漱溟教育论文集》。此外，梁漱溟几乎每年都有文章发表，内容主要集中在国家建设、读书感悟、好友访记和自身思想历程几个方面。

　　不论梁漱溟的政治观点是否被人们所接受，都无法磨灭他关心国家建设与前途的赤子之心。梁漱溟时刻关注国家发展动态，在国家建设方面提出自己的观点与建议，写有《人类创造力的大发挥大表现 —— 试说明建国十年一切建设突飞猛进之由来》《中国 —— 理性之国》《试论中国从古以来的社会发展属于社会发展史上所谓亚洲社会生产方式》《今后国内政治局面之预见》等文章。随着时代变化，其自身思想也发生了一些改变，这在《自述早年思想之再转再变》《我早年思想演变的一大关键》《学习五十年党史所得的感想和认识》《今天我们应当如何评价孔子》《追忆在延安、北京迭次与毛主席的谈话》《我致力乡村运动的回忆与反省》中均有所体现。

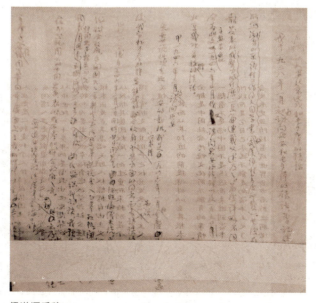

梁漱溟手稿。

1961年，梁漱溟阅读熊十力的著作，4月初写《读熊著各书书后》；7月在海拉尔又写成《熊著选粹》一文，写此文引起梁漱溟诸多往事回忆，因而又写出《略记当年师友会合之缘》一文，讲述与熊十力交往的经过，叙述当年师友会合的过程。1964年，梁漱溟到史家胡同访问章行严先生，事后写就《访章行严先生谈话记》。后续又有《悼王鸿一先生》《蒋百里轶事数则》《沈钧儒先生与政学会——兼记袁世凯死后的南北统一内阁》等文章陆续发表。此外，梁漱溟还为亲朋好友写传记，如为《湖南文史资料》写他的亲戚梁焕奎的传记，为新编的民国史传记部分写他的舅舅张耀曾的传记等等。

晚年的梁漱溟不仅笔耕不辍，而且开始乐意接受国内外学者的访问，书房里经常出现一些学者、政协同事、青年学生和报社记者的身影。美国威斯康辛大学历史系研究生林琪（Cherine Lynch）为撰写博士论文《梁漱溟思想研究》，专程到山东邹平、济南、曲阜调查乡建情况，并与梁漱溟畅谈十余次。然而众多来访者中谈话最成功的一次无疑是与美国学者艾恺在20世纪80年代初的谈话。美国芝加哥大学历史系教授艾恺博士根据梁漱溟的著作和所搜集到的资

梁漱溟为林琪女士书宋儒朱熹诗句，1980年。

1980年，美国学者艾恺访问梁漱溟。面对这位美国学者，梁漱溟几乎总结了自己的一生。

料研究梁的政治主张和学术思想多年,陆续写出《梁漱溟传》等著作,并依次邮寄给了梁。1980年,艾恺来京,梁漱溟与艾恺长谈十余次,录音多达30盒,田慕周等人根据录音整理写出《答美国学者艾恺先生访谈记录摘要》一文。

1981年,89岁高龄的梁漱溟应美国一个关于朱熹学说讨论会的邀请,作《试论宋儒朱熹氏在儒家学术上的贡献及其理论思维上的疏失》一文。1985年3月,为中国文化书院筹委会与九州知识信息中心在北京举办的第一期"中国文化讲习班"讲学,主讲"中国传统文化"。次年1月,为中国文化书院举办的第二期"中国文化讲习班"讲"东西文化比较研究",指出中国文化必将

1986年,梁漱溟被中国文化书院聘为导师。

复兴。1988年2月,为香港大学中文系与社会科学研究中心联合举办的"中国宗教伦理与现代化"研讨会撰写文章《父慈子孝,兄友弟恭》,文中阐述了儒学、伦理等中国传统思想。由于身体原因,梁漱溟不宜远行,此次会议是将梁漱溟在家中录制的《父慈子孝,兄友弟恭》的讲话带至香港,作为研讨会的第一个节目进行播放,这是梁漱溟生前最后一次发言。

1988年4月13日,梁漱溟与长子梁培宽、次子梁培恕、长媳和三个孙儿前往位于北京西南良乡的祖坟扫墓,回到寓所后即感身体不适。4月25日,自觉呼吸困难,病情加重,至协和医院留院治疗,确诊为尿毒症。5月中旬的一天,梁漱溟对长子培宽讲人的寿数有限,医生治得了病却治不了命,自己的寿数到了就听其自然吧。自此开始拒绝吃药和灌肠,直至6月20日上午,协和医院医生建议做人工肾手术,梁漱溟同意。手术时间定在了6月24日,然而,6月23日早上却出了意外,梁漱溟突然大口吐血,心律反常。医生采取急救措施,心脏跳动始则快到一分钟跳170下,继则急促下降,医生问:"梁老,您感觉怎么样?"先生断断

梁漱溟与长子梁培宽、次子梁培恕在一起。

重阳节是梁漱溟的生日，1986年重阳节他和长子培宽一家在一起。左起：长媳张颂华、长孙、梁漱溟、长孙媳、长子梁培宽、次孙。

梁漱溟先生之墓，墓碑周边围绕的是诸多学者撰写的缅怀词碑刻。

缅怀词碑刻。

续续讲了最后一句话："我太疲倦了，我要休息。"就溘然仙逝。[1]梁漱溟享年95岁，为弘扬民族文化贡献了毕生精力，堪称一代新儒学大师，也不愧中国现代杰出的教育家之一。

梁漱溟曾经用过的书桌。

世界各地寄给梁漱溟家属的慰问信。

梁漱溟遗物。

---

[1] 李渊庭、阎秉华编著，梁漱溟亲修：《民盟历史人物：梁漱溟》，群言出版社2011年版，第350页。

教育文化事业的新探索

《人心与人生》书影。

《人心与人生》是梁漱溟晚年的一部巨著，探讨人类生命的发展与前途。其着眼点在于修正1921年出版的专著《东西文化及其哲学》中的不足。《东西文化及其哲学》产生于"五四新文化"运动后期，梁漱溟在书中批评"五四新文化"运动"向西走"，公开宣称他就要"向东走"，世界的未来有待于中国文化的复兴。书印到第三版时，梁漱溟觉察到它有一个根本性的错误，"这个根本错误，据梁漱溟自己说有两点：一是当时所根据以解释儒家的心理学见解的错误，一是解释儒家思想的方法上的错误。"[1]关于前一点，梁漱溟认为只要是一个伦理学派或一个伦理思想家，都有其依据的心理学基础。他在作"东西文化及其哲学"的演讲时所阐述的儒家价值，运用了当时流行的心理学做依据，却没有搞清楚儒家的心理学现实是怎样的情况。这个改正点全在于辨认人类心理与动物心理的异同。梁漱溟认为，如果不能明确儒家的人类心理观就不能谈儒家的人生思想，势必著《人心与人生》加以补正。经过多年的钻研以及自己思想认识的发展，他对"人心与人生"的关系作出了精辟分析："必若心主乎此身，身从心而活动，乃见其向上前进；

---

[1] 马勇：《思想奇人梁漱溟》，北京大学出版社2008年版，第265页。

反之，心不自主而役于此身，那便是退堕了。"[1]进而明辨出人类心理与动物心理的区别："人类生命异于动物生命者，在人类不断争取上进，在有自觉，在有理性。"[2]

《人心与人生》书稿完成后梁漱溟即着手改写《东方学术概观》一书。据香港《中报》记者赵端《梁漱溟忆旧谈新》一文记载，《东方学术概观》原稿写于1949年。梁漱溟自觉原稿软弱无力，于是改写，对相关问题作出进一步的阐述，是《人心与人生》一书中关于东方学术论述的深入解读。书中对儒、道、佛三家学术进行了论述，将古今东西方学术分为四大类：科学技术、哲学思想、文学艺术、修持涵养，指出东方学术的共同特征在于"修养之学"。认为东方儒、道、佛三家之学"皆在向内体认乎生命，恰与近代科学向外以求认识事物者

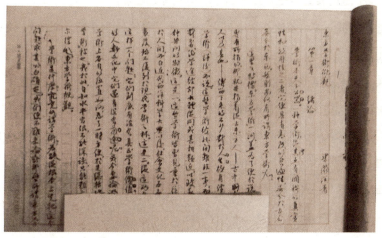

《东方学术概观》手稿。

[1] 李渊庭、阎秉华编著，梁漱溟亲修：《民盟历史人物梁漱溟》，群言出版社2011年版，第290页。

[2] 李渊庭、阎秉华编著，梁漱溟亲修：《民盟历史人物梁漱溟》，群言出版社2011年版，第290页。

殊途"。"人生自勉向上之学……其根本在吾人自觉能动性的自觉，是即所谓内的一面。何以还要学问工夫呢？人心内蕴的自觉虽为人生所固有，却每每若存若亡，如得精神集中当下，物来顺应，非易事也。概为此心牵累于其身（食色本能和种种习气），总在向外驰逐之所掩覆也。为此学者要有以反躬认取此自觉（昔人所云'良知''独知'），时时戒惧其有失焉，其庶几乎。……孔门之学正是其早熟品。"[1]

此外，梁漱溟为早年批判道家而懊悔，在改写的《东方学术概观》中对自己的观点进行了修正，对于道家重新进行了阐释：

儒家、道家同于人类生命有所体认，同在自家生命上用工夫，但趋向则各异；儒家为学本于人心，趋向在此心之开朗以达于人生实践之自主自如。道家为学所重在人身，趋向在此身之灵通而造乎其运用自如之境。

道家工夫一言以蔽之，即通过大脑恢复其自觉性能是已。能自觉，便能自主自如。

道家者起自摄生养生之学也。

中医原从道家来。中医的理论及其治疗方法，一切措施，无不本于道家对于生命生活的体认……内向（察物）多所会晤，留意天地四时阴阳变化，深入唯物辩证之理。

西方科学家一味以向外察物为事，不曾识得生命。生命——生生不息的活生命——唯在返躬体认以得之。

他日为根本学理之追讨，则道家之学终必掘发出来。

道家之学体认人身内在生理、病理为之先也。

---

[1] 李渊庭、阎秉华编著，梁漱溟亲修：《民盟历史人物：梁漱溟》，群言出版社2011年版，第293页。

晚年的梁漱溟。

梁漱溟是世所公认的现代新儒学开山，他亦政亦学，实为20世纪中国刚健有为、积极入世的儒者之典范。

　　经过几十年的风风雨雨，梁漱溟在晚年对自己的社会活动、学术思想进行了深入剖析与反省，对自身思想的解读已不是先前的信念，认为中西文化并不是不可调和的，二者并非冲突。晚年的梁漱溟，在很大程度上也认同了先前竭力反对的政治主张，以为中国共产党的方向代表了中国发展的未来。这在梁漱溟晚年写的多篇文章以及专著《我的努力与反省》中可窥见一二。

　　总的来说，梁漱溟是幸福的，他在思想的世界里穿梭，在宗教的秘境里徜徉，看着古老的中国一步一步脱胎换骨，当生命临近终点时，已完成一切，放下一切……

后　记

　　得中央教育科学研究所研究员、知名教育专家储朝晖博士的青睐与厚爱，我们接受了《20世纪中国教育家画传（续编）》中《梁漱溟画传》一书的撰写工作。在大半年的时间里，我们搜求了大量相关的文献资料及图片，并尝试以新儒家的思想及现代教育学的观念方法进行立体描摹刻画这位现代鸿儒、哲学家及教育家的曲折人生、辉煌事业与深邃思想，从而丰富现代中国教育理论的资源宝库，以推进当代教育人文主义与科学主义合璧的教育实验与改革，当然也希望以此作为梁漱溟学术文化与教育研究的一块砖石，奉献于学界文坛，以起到充实与深化的作用。上述愿景是我们努力的方向，但由于时间的仓促、精力有限以及学识水平限制，是否达到初衷不敢臆测，有待于专家及读者的批评指正。

　　在具体的撰写工作中，我们深感梁漱溟对国家民族的良知与责任，尽管他的一些认识或探索难免有时代的局限或认识的偏差，但他在哲学、宗教学、教育学、心理学等诸学科的建树是卓越的，而且将理论付诸行动，以教育为核心推动农村社会改革的信念及追求不仅有历史的地位，对当代我国新农村的建设同样富有启示。当然，作为一位身跨多学科领域，生命历程漫长，思想活动阶段变化复杂，著述文字丰富而艰涩的最后一位新儒家，以我们的才识及理解力来解读并阐释是十分艰难的，我们常常感到力不从心，相信这也在书中有所反映,我们真诚期盼以后还有机会在这一领域做出进一步的努力。

该书的撰稿工作由河北大学教育学院吴洪成教授与该院教育学原理专业研究生兰丽燕共同完成。其间部分章节材料由该院教育史专业姜柏强、王彤、宋云青、许娟同学提供,在此向他们表示谢意。中央教育科学研究所储朝晖研究员、四川教育出版社责任编辑对该书的出版付出了无私的辛劳,这种负责任的态度以及乐于奉献的精神让我们深感钦佩,特此致以由衷的谢忱!

吴洪成　兰丽燕

2014年11月于河北大学教育学院

把教育办得更好

（代跋）

储朝晖

  提倡教育家办学是提升中国教育品质的必由路径，令人遗憾的是，近三十年对教育的实地调查使我深感无论是在教育业内还是整个社会，对教育家的认识都是极度模糊的。

  在我心存为解决这一问题做点什么的愿望时，四川教育出版社前任社长安庆国先生说他一直想出版一套《20世纪中国教育家画传》丛书而未能如愿。于是，我们决定合力将这件事做好，以期对传承、传播教育家的办学理念，促进教育家办学有所裨益。这便是这套丛书编写和出版的缘起。

  在丛书编写和与各卷作者交流的过程中我体会到，一个时代是否有教育家是与两个方面相关的：一是这个时代是否需要教育家；二是这个时代是否具有产生教育家的环境。可以说任何时代都有具有教育家潜能和品质的人，但只有独立思考，并能依据其独立思考自主实行教育教学的人，才能成为教育家。因此，凡是学人能够自主的时代，出现教育家的概率就高；而在学人不能自主的时代，就不会出现教育家。如果真的期望教育家出现，就要创造教师能够自主教学，学生能够自主学习，校长能够自主办学的社会与制度环境，否则就不可能出现真正的教育家，也不可能培养出杰出人才。

  教育家的认定最可靠的方式是社会认同，获得较高社会认同的教育从业者，能被社会高度认同为教育家的人就是教育家。当今尚不存在哪个专家或某个机构具有确认教育家的资质。限于条件，这套丛书还不能对所选传主通过全民投票的方式来确定，但所选的十位传主确是经过教育史专业的学者海选而产生的，他们选出了王国维、蔡元培、陶行知、张伯苓、胡适、梅贻琦、黄炎培、徐特立、陈鹤琴、晏阳初，在20世纪中国教育史上，他们发挥的教育家作用是毋庸置疑的。令我们感到惊诧的是，他们在那个年代就已经相互认识，大都有过直接交往，其中一些人还是挚友，这应是志同道合使然。

除了外部认同，教育家必备的内部品质有三种：一是博爱之心，执着地爱学生、爱教育工作、爱人类未来的发展；二是独立思考和不懈求新，教育已经是数千年的专业工作，不能独立思考和创新的人是难以成为教育家的；三是有从事教育工作的专业潜质，能敏锐地发现教育问题，并以独特的思考和行为解决问题。有了这三种品质，在外部条件许可的情况下就会产生诸如教育思想、办学业绩、论著等结果。

是否称得上教育家，最根本的是看他是否教人做人，能否依据学生不同的潜能、个性和志向培养出值得他自己崇拜的人。一个人的学业成绩仅仅是他成长发展的一个方面，学业成绩高并不一定就发展得好，教出考试成绩高的学生也不是教师成为教育家的垫脚石。近三十年来有不少学生得了各类国际奥林匹克奖，却未能成长为相关领域真正的专家。陶行知主张办知情意合一的教育，有一段很有针对性的话："知情意三者并非从割裂的训练中可以获取。书本教育也许可以使儿童迅速获得许多知识，神经质的教师也许可以使儿童迅速地获得丰富的感情，专制的训练也许可以使一个人获得独断的意志，但我们何所取于这样的知识，何所取于这样的感情，何所取于这样的意志？知情意的教育是整个的，统一的。知的教育不是灌输儿童死的知识，而是同时引起儿童的社会兴趣与行动的意志。感情教育不是培养儿童脆弱的感情，而是调节并启发儿童应有的感情，主要的是追求真理的感情；在感情之调节与启发中使儿童了解其意义与方法，便同时是知的教育；使养成追求真理的感情并能努力与奉行，便同时是意志教育。意志教育不是发扬个人盲目的意志，而是培养合于社会及历史发展的意志。合理的意志之培养和正确的知识教育不能分开，坚强的意志之获得和一定情况下的情绪激发与冷淡无从割裂。现在我们要求在统一的教育中培养儿童的知情意，启发其自觉，使其人格获得完备的发展。"[1] 坦率地说，现在不少学校的学生成绩就是以割裂的方式获取的，这样的学校教育就不能说是真正在教育人，也不可能造就出教育家。如果不能走出这个误区，教育家的出现就永远只能是梦想，教育家办学就只会蹈空。

中外历史上所有教育家的人生旅程都是历经波折、艰难求索的过程，他们虽未自称是教育家，却都在青年时期就有高远的志向，如孔子"十有五而志于学"、陶行知"要让每个中国人都受到教育"，都是普通而又高远的追求。为了实现人生目标，他们不畏权势、不为名利，"捧着一颗心来，不带半根草去"，贫贱不移、富贵不淫、威武不屈、美人不动。教育家的出现首先需要有尊道抑势、以人类发展进步为己任的大胸怀，需要终生不辍的求索和行动。

教育家群体的出现需要有适宜的制度与社会环境，要让有教育家天赋的人敢想、敢干，能想、能干，这种社会条件往往不是一个人、一个机构、一个政策所能创造的。从现实状况看，教师的自主性和创造性未能得到充分发挥确是现有教育管理体制的缺陷，而改变现有体制使更多的人能遵循教育内在规律更高效地工作，就是应该尽快解决的实际问题。

这套丛书突出传主的教育思想、办学理念、办学实践，尤其凸显传主的教育家精神，希望真正激励一批有志教育的人成为教育家，切实有效地推动中国的教育家办学进程。

---

[1] 陶行知：《育才学校教育纲要草案》，《陶行知全集》（第4卷），四川教育出版社2009年版，第382～383页。

　　这一想法的实施是一项艰巨的任务。黄延复先生因与我都有弘扬大学精神的共同心愿而成为忘年之交,在《梅贻琦画传》的写作过程中,我俩仅打过几次电话,彼此的想法就灵犀相通。在他的指导下,青年学者钟秀斌领悟得很到位,花一年多时间完成了《梅贻琦画传》书稿。年近八旬的戴永增先生,二十多年如一日地进行徐特立研究,我俩因此而成为无话不说的老朋友。说起徐特立,他就像做专题报道,滔滔不绝、如数家珍。为了《徐特立画传》的编写,他亲自找到北京理工大学郭大成书记,要求将这一工作列为该校的一个科研项目;同时他再三鼓励、全力帮助以靳贵珍老师为主的青年学者写作,提携后辈不遗余力。当书稿完成后他在电话中明确坚定地告诉我自己不署名。著名青年传记作家窦忠如在时间很紧的情况下承担了《王国维画传》的写作任务,显现出对大师的诚敬和对弘扬教育家精神的担当。华东师范大学中国史学研究所房鑫亮教授和他的博士生徐旭晟对《王国维画传》的写作也给予了支持,这本身就是本套丛书所追求的精神境界之一。

　　对本套丛书给予直接帮助的个人和团体还有:中国人民大学教授程方平,中国教育研究院徐卫红、夏辉映,北京师范大学教授顾明远、孙邦华,北京理工大学教育研究院,在此一并致谢。此外,由于本套丛书参考的文献浩繁,标注的引文及参考文献或属挂一漏万,对于这种情况,我们在此一并致歉!

　　在本套丛书即将出版之际,真诚感谢对各位传主研究有素的专家乐意担任各分册作者。在这个作者队伍当中,既有与我交往数十年的老朋友,也有为完成这次任务而结识的新朋友。在编写和出版这套丛书的基本理念上,我们在认识上高度一致,在情感上高度愉悦,遇到各种困难能够设法克服,较好地保证了这套丛书的内容深度和质量。在此,尤其要感谢前辈学者黄延复、宋恩荣、梁吉生、戴永增、金林祥诸位先生,他们有人和我交谈时说这次的写作是绝笔之作,更令我肃然起敬且感到难以担当,但愿我们的真诚能有助于读者更好地领会各位教育家的精神真谛,碰撞出当今社会更多的真诚,把教育办得更好。

四川教育出版社现任社长雷华、总编辑胡宇红、副总编辑张纪亮、副社长李晓翔和王积跃对整套书的出版给予了大力支持；各位责任编辑为丛书出版花费了大量精力；同时我的爱人胡翠红做了大量资料查阅、梳理工作。在此一并致以诚挚的谢意！

尽管本人及各位作者在写作时尽了最大努力，但丛书的缺点和不足在所难免，恳请方家和读者批评指正，所提意见可直接发到我的邮箱：chu.zhaohui@163.com，在此先致谢忱。

2012年3月28日